Werner Koehldorfer

CATIA V5

Volumenmodellierung,
Zeichnungen

Werner Koehldorfer

CATIA V5

Volumenmodellierung, Zeichnungen

2., aktualisierte Auflage

HANSER

Dipl.-Ing. Werner Koehldorfer lehrt an der HTL-Bulme Graz im Bereich Maschinenbau-Konstruktion. Er ist außerdem Schulungsleiter der 3D-CAD-Gruppe CATIA der höheren technischen Schulen sowie CAx-Anwendungsberater beim weltweit größten Kompressorenhersteller der ACC Austria GmbH.

Alle in diesem Buch enthaltenen Informationen wurden nach bestem Wissen zusammengestellt und mit Sorgfalt getestet. Dennoch sind Fehler nicht ganz auszuschließen. Aus diesem Grund sind die im vorliegenden Buch enthaltenen Informationen mit keiner Verpflichtung oder Garantie irgendeiner Art verbunden. Autor und Verlag übernehmen infolgedessen keine Verantwortung und werden keine daraus folgende oder sonstige Haftung übernehmen, die auf irgendeine Art aus der Benutzung dieser Informationen – oder Teilen davon – entsteht, auch nicht für die Verletzung von Patentrechten, die daraus resultieren können.

Ebenso wenig übernehmen Autor und Verlag die Gewähr dafür, dass die beschriebenen Verfahren usw. frei von Schutzrechten Dritter sind. Die Wiedergabe von Gebrauchsnamen, Handelsnamen, Warenbezeichnungen usw. in diesem Werk berechtigt also auch ohne besondere Kennzeichnung nicht zu der Annahme, dass solche Namen im Sinne der Warenzeichen- und Markenschutz-Gesetzgebung als frei zu betrachten wären und daher von jedermann benutzt werden dürften.

Bibliografische Information Der Deutschen Bibliothek
Die Deutsche Bibliothek verzeichnet diese Publikation in der Deutschen Nationalbibliografie;
detaillierte bibliografische Daten sind im Internet über http://dnb.ddb.de abrufbar.

Dieses Werk ist urheberrechtlich geschützt. Alle Rechte, auch die der Übersetzung, des Nachdruckes und der Vervielfältigung des Buches, oder Teilen daraus, vorbehalten. Kein Teil des Werkes darf ohne schriftliche Genehmigung des Verlages in irgendeiner Form (Fotokopie, Mikrofilm oder ein anderes Verfahren), auch nicht für Zwecke der Unterrichtsgestaltung, reproduziert oder unter Verwendung elektronischer Systeme verarbeitet, vervielfältigt oder verbreitet werden.

© 2009 Carl Hanser Verlag München
Gesamtlektorat: Sieglinde Schärl
Herstellung: Irene Weilhart
Satz: Dilek Mersin, Mediendesign, Großerlach-Böhringsweiler
Umschlagdesign: Marc Müller-Bremer, www.rebranding.de, München
Umschlagrealisation: MCP • Susanne Kraus GbR, Holzkirchen
Datenbelichtung, Druck und Bindung: Kösel, Krugzell
Printed in Germany

ISBN 978-3-446-41724-3

www.hanser.de/cad

Inhalt

1	Einleitung	9
2	Benutzeroberfläche, Navigation und Standardoberfläche	11
2.1	Benutzeroberfläche	11
2.2	Navigation	14
2.3	Darstellungen	15
2.4	Funktionsleiste Standard	18
2.5	Funktionsleiste Tools	20
2.6	Funktionsleiste Knowledge	21
2.7	Der Kompass	23
2.8	Standardeinstellungen	24
2.9	Menüleiste	27
2.10	Referenzelemente	39
3	Konstruktionsmethodik	41
3.1	Allgemeine Richtlinien	41
3.2	Prinzip der Zerlegung	42
3.3	Prinzip der Abzugskörper	43
3.4	Steuergeometrie eines Volumenmodells	43
3.5	Konstruktionsrichtlinien	44
3.6	Die objektorientierte Strukturierung eines Volumenmodells	45
3.7	Startmodell für komplexe Bauteilkonstruktionen	47
3.8	Power Copies	48
3.9	Power copies einfügen	49
3.10	User defined Features	50
4	Skizzierer	51
4.1	Allgemeines	51
4.2	Darstellung der Skizzen im Strukturbaum	52
4.3	Profiles	55
4.4	Predefined Profiles	58
4.5	Circle	59
4.6	Spline	60
4.7	Conic	62

4.8	Line	63
4.9	Axis	64
4.10	Point	64
4.11	Operations	65
4.12	Relimitations	66
4.13	Transformation	71
4.14	Constraint	76
4.15	3D-Elemente in Skizze übernehmen	80
4.16	Farbzuordnung im Sketcher	81
4.17	Skizzenanalyse	82
4.18	Ändern der Bezugselemente einer Skizze	84
4.19	Weitere wichtige Icons beim Skizzieren	86
5	**Einstiegsbeispiel Part Design**	**87**
5.1	Startmodell öffnen	87
5.2	Steuergeometrie	87
5.3	Parameter definieren	88
5.4	Prinzip der Zerlegung	89
5.5	Abhängigkeitsketten	98
5.6	Detaillierung	99
5.7	Bearbeitung	101
5.8	Variantenbildung	105
5.9	Verknüpfung mit Excel-Tabellen	106
6	**Skizzenbasierende Volumenkörper**	**109**
6.1	Pad (Block)	109
6.2	Eingabemöglichkeiten bei PAD	110
6.3	Pocket (Tasche)	114
6.4	Shaft (Welle)	115
6.5	Groove (Nut)	117
6.6	Hole (Bohrung)	118
6.7	Rib (Rippe)	121
6.8	Slot (Rille)	123
6.9	Solid combine	124
6.10	Stiffener	125
6.11	Multi-sections Solid	127
6.12	Removed multi-sections solid	130

Inhalt

7 Operationen 131
    7.1   Edge Fillet 131
    7.2   Chordal Fillet 137
    7.3   Chamfer 138
    7.4   Draft Angle 139
    7.5   Shell 143
    7.6   Thickness 144
    7.7   Thread/Tap 145
    7.8   Remove Face 146
    7.9   Replace Face 147
    7.10 Boolean Operations 148

8 Transformationskomponenten 153
    8.1   Translation 153
    8.2   Rotation 154
    8.3   Symmetry 155
    8.4   Mirror 156
    8.5   Rectangular Pattern 157
    8.6   Circular Pattern 159
    8.7   User Pattern 160
    8.8   Scaling 161
    8.9   Mustern eines Solids inklusive Operationen 162

9 Flächenbasierende Komponenten 163
    9.1   Split 163
    9.2   Thick Surface 164
    9.3   Close Surface 165
    9.4   Sew Surface 166

10 Quantifizierung 169
    10.1 Funktionsleiste Measure 169
    10.2 Funktionsleiste Analysis 175

11 Abschließendes Übungsbeispiel Part Design 177
    11.1 Parametrisierter Kolben 177

12 Zeichnungserstellung 179

12.1 Erstellung eines Blattes 179
12.2 Standardeinstellungen im Drafting 181
12.3 Ansichten erzeugen 184
12.4 Schnitte erzeugen 189
12.5 Details erstellen 192
12.6 Teilansichten definieren 193
12.7 Ansicht aufbrechen 194
12.8 Ansicht unterbrechen 195
12.9 Ansichten im Strukturbaum verändern 196
12.10 Bemaßung 198
12.11 Oberflächenangaben 202
12.12 Form- und Lagetoleranzen 203
12.13 Texte 205
12.14 Hintergrund 206
12.15 Weitere wichtige Icons im Drafting 208

Literaturverzeichnis 211

Index 213

1 Einleitung

Das Programm CATIA V5 von Dassault Systemes ist das weltweit führende CAD-System.

Es ist konzipiert als CAx-System mit einer Reihe von integrierten Simulationswerkzeugen und der Möglichkeit einer direkten Erstellung von NC-Prgrammen. Besonderes Augenmerk wurde dabei auch auf eine durchgehende Skalierbarkeit gelegt, was zu parametrisch assoziativen Konstruktionen führt.

Unter Parametrik versteht man das Beeinflussen der Gestalt von Bauteilen über erzeugende Parameter der Geometrie. Diese Parameter werden mit dem Modell gespeichert und erlauben dem Anwender ein rasches nachträgliches Ändern und Editieren.

Assoziativität umfasst das Herstellen von Abhängigkeiten

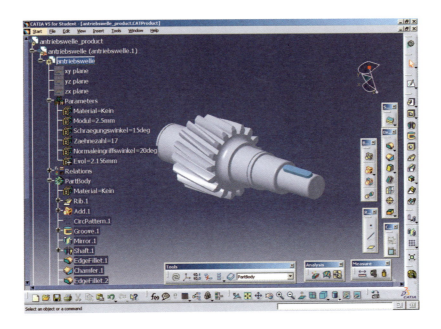

zwischen unterschiedlichen Modellen mit Hilfe von Referenzen über Modellgrenzen hinweg.

Eine Änderung der Parameter, der bestimmenden Kenngrößen, löst die Neuberechnung des Modells bzw. die Erstellung einer neuen Variante aus.

Ein weiteres Merkmal moderner CAD-Systeme liegt in der zunehmenden Bedeutung der Methodik bei der Erstellung von Konstruktionsmodellen.

Die Arbeit soll nicht nur schnell eine Geometrie erzeugen, es soll ein mathematisch stabiles und änderungsfreundliches Modell entstehen, bei dem auch die Frage nach den Abhängigkeiten zwischen den Bauteilen zu klären ist. Das Hauptziel dieser Arbeitsweise ist letztendlich immer eine höhere Effizienz und Produktivität.

In diesem Buch wird detailliert die Arbeitsumgebung 'Part Design' mit allen zur Volumenkonstruktion benötigten Befehlen und Einstellungen erläutert. Daneben ist jedoch auch die Konstruktionsmethodik bei der Erstellung der Modele ein Kerninhalt. Die dargestellte Methodik führt zu einer mathematisch möglichst stabilen und auch sehr änderungsfreundlichen Konstruktion, die auch Anwender, die sie nicht selbst erstellt haben, mit wenig Aufwand bearbeiten können.

Der Aufbau des Buches besteht in einer kompakten und systematischen Schnellanleitung für den täglichen Gebrauch des Konstruktionsprogramms CATIA. Dabei steht das visuelle Lernen im Vordergrund, es wird mit vielen Screenshots mit Kommentaren und Hinweisen gearbeitet. Die Hauptzielgruppe sind Programmeinsteiger sowie Studenten und Dozenten technischer Fachrichtungen die ihre Konstruktionen nach modernsten Richtlinien aufbauen.

Das für das vorliegende Buch verwendete Release von CATIA ist die V5R19. Auch die Aufgabenstellungen und Übungen sind mit dieser Programmversion durchführbar. Bei niedrigeren Versionen kann es zu Problemen beim Öffnen der Dateien kommen, die Erklärung zu den einzelnen Befehlen hat allerdings auch dort Gültigkeit.

Am Ende des Selbststudiums hat der Anwender dann das Wissen um strukturierte und parametrisierte Konstruktionen zu erstellen. Dabei können Volumenmodelle und die dazugehörigen Zeichnungen erstellt werden.

Die beschriebenen Übungsbeispiele befinden sich auf der Internetseite des Carl Hanser Verlages unter folgender Adresse:

http://downloads.hanser.de

2 Benutzeroberfläche, Navigation und Standardfunktionen

2.1 Benutzeroberfläche

Gestartet wird das Programm CATIA V5 mit folgendem Icon:

Alternativ dazu kann über eine Kommandozeile CATIA über den Befehl 'CNEXT' gestartet werden.

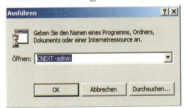

Startet man mit dem Zusatz 'CNEXT –admin', wird CATIA im Administratormodus geöffnet. Nach dem Starten öffnet sich die Produktumgebung.

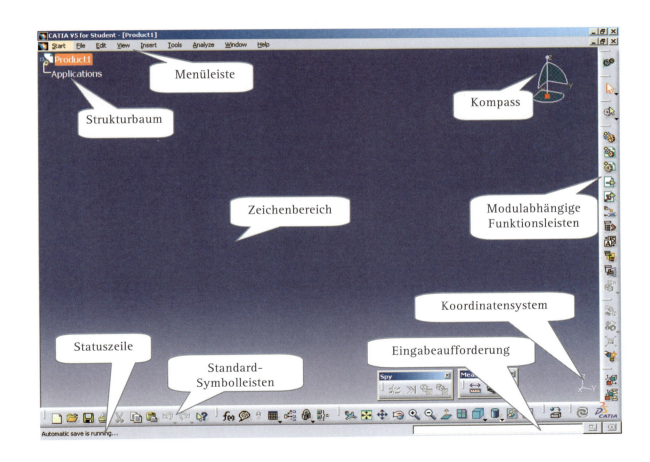

2 Benutzeroberfläche, Navigation und Standardfunktionen

Um nun einen Volumenkörper konstruieren zu können, öffnet man über 'File' und 'New' aus der Menüleiste und im darauf erscheinenden Fenster einen 'Part'.

Anschließend erscheint ein Fenster, in dem der Teilenamen eingegeben werden kann. Die Optionen ‚Enable hybrid design' und 'Create a geometrical set' sollten deaktiviert werden.

Nunmehr befindet man sich in der Umgebung Part Design, was auch durch das rechts oben in der modulabhängigen Funktionsleiste liegende Icon zum Ausdruck kommt.

Alternativ dazu kann über 'File' und 'Open' das für dieses Buch angelegte Startmodell geöffnet werden. Sie finden die Datei 'Startmodell_r14.CATPart' auf der Internetseite des Hanser-Verlags zum Download bereit.

Das Programmfenster zeigt in der obersten Zeile die Programmversion und die gerade aktive Datei. In der zweiten Zeile befindet sich auch in der Umgebung Part Design die Menüleiste mit den hauptsächlichen Funktionen. Diese Menüleiste wird in allen Arbeitsumgebungen angeboten, die dazugehörigen Untermenüs bieten aber teilweise die Werkzeuge der gerade aktiven Umgebung an und sind in ihrem Aussehen somit unterschiedlich.

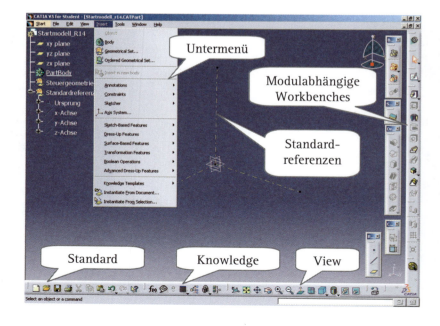

2.1 Benutzeroberfläche

Die unterste Zeile ist die Status- oder Kommentarzeile, in der die gerade mögliche Benutzereingabe beschrieben wird. Ist ein Befehl aktiv, wird hier angezeigt, was vom Anwender als nächstes erwartet wird.

Die Symbolleisten (modulabhängige Workbenches) befinden sich am rechten und unteren Bildschirmrand. Dabei sind die Arbeitsfunktionen vertikal rechts am Bildschirm angeordnet. Die Übersicht aller in der jeweiligen Arbeitsumgebung angebotenen Workbenches befindet sich unter 'View' und 'Toolbars'. Dort können auch nicht angezeigte Leisten über eine Selektion mit der linken Maustaste eingeblendet werden. Diese werden dann am rechten Bildschirmrand ganz unten eingefügt und müssen unter Umständen von dort noch weggezogen werden.

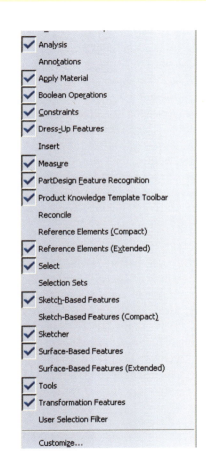

Die Anordnung der einzelnen Workbenches am Bildschirm kann beliebig erfolgen. Falls es erwünscht ist, können die Symbolleisten auch gesperrt werden. Dann ist ein weiteres Ein- und Ausblenden nicht mehr möglich, lediglich die Lage der Symbolleisten kann noch verändert werden.

Die dazu notwendige Einstellung findet sich unter 'Tools' und 'Customize' in der Kartei 'Options'. Wird hier der Eintrag 'Lock position of toolbars' aktiviert, sind die Workbenches nicht mehr selektierbar.

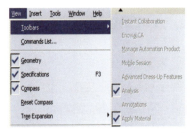

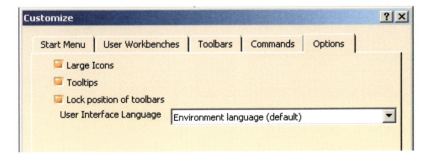

2.2 Navigation

Um mit dem Programm interaktiv arbeiten zu können, empfiehlt sich die Verwendung einer 3-Tasten Maus. Dabei gelten beim Arbeiten mit der Maus folgende Regeln.

Mit der linken Maustaste wird selektiert. Das gilt sowohl für den Zeichenbereich als auch für den Strukturbaum und die einzelnen Icons in den Workbenches. Mit der gedrückt gehaltenen linken Maustaste kann im Skizzierer ein geometrisches Objekt modifiziert werden. Ebenso können im dreidimensionalen Arbeitsbereich mit der gedrückten linken Maustaste die grün angezeigten und selektierten Limits bewegt werden.

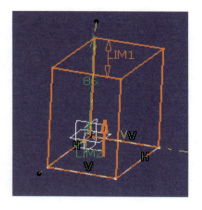

Mit einem Doppelklick der linken Maustaste wird ein ausgewähltes Objekt geöffnet oder ein Icon aktiviert, das dann zusätzlich für eine Mehrfachverwendung zur Verfügung steht. Mit einem Einfachklick wird dieses Icon wieder freigegeben.

Mit der mittleren Maustaste wird die Geometrie am Schirm bewegt. Dabei bleibt die mittlere Taste gedrückt und die Geometrie kann somit verschoben werden. Wird über eine Selektion des am rechten unteren Bildschirmrand befindlichen Koordinatensystems der Strukturbaum aktiviert, kann dieser in seiner Lage verschoben werden. Durch eine weitere Selektion des Koordinatensystems oder einer horizontalen oder vertikalen Linie im Strukturbaum wird wiederum der Zeichenbereich aktiviert.

ACHTUNG Das Aktivieren des Strukturbaums passiert oft ungewollt, falls man ein Element im Strukturbaum selektieren möchte und dabei eine der weißen horizontalen oder vertikalen Linien erwischt. Der Zeichenbereich wird dann grau dargestellt. Damit kann mit der später beschriebenen Zoomfunktion auch die Größe des Strukturbaums geändert werden.

Die mittlere Maustaste wird auch dazu verwendet, um beim Drehen des Volumenkörpers das Drehzentrum festzulegen. Dabei wird mit der mittleren Taste ein Punkt, eine Linie oder eine Ebene selektiert, die damit ins Zentrum der Kugel, um die rotiert wird, gestellt wird.

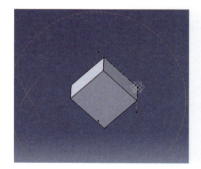

Diese Funktion ist vor allem bei großen Bauteilen wichtig, um das Handling bei der Rotation zu vereinfachen und schnell das gewünschte Ergebnis zu erhalten.

2.3 Darstellungen

Mit der rechten Maustaste wird generell das Kontextmenü geöffnet. Dies gilt sowohl für den Zeichenbereich als auch für den Strukturbaum. In diesem Kontextmenü befinden sich stets weitere Auswahlmöglichkeiten.

Mit der gedrückt gehaltenen mittleren und der zusätzlich gedrückt gehaltenen linken Maustaste kann durch Bewegen der Maus die gesamte Geometrie gedreht werden. Diese Funktion kann auch mit der mittleren und der rechten Maustaste ausgeführt werden. Der Drehmittelpunkt wird wie zuvor beschrieben über die mittlere Taste festgelegt.

Die Geometrie kann auch über den Befehl 'ROTATE' mit der linken Maustaste gedreht werden.

 ROTATE

Hält man die mittlere Maustaste gedrückt und tippt die linke Taste kurz an, erhält man die Zoomfunktion, angezeigt durch einen Doppelpfeil. Damit kann durch Bewegen der Maus die Geometrie vergrößert bzw. verkleinert werden.

Will man die Maus nicht zum Zoomen verwenden, kann dies auch mit den Icons 'ZOOM IN' und 'ZOOM OUT' erfolgen.

 Zoom

Diese Icons befinden sich in der Funktionsleiste 'View' am unteren Bildschirmrand.

In dieser Leiste befindet sich auch das Icon 'FIT ALL IN', mit dem der Volumenkörper bildschirmfüllend dargestellt werden kann.

 FIT ALL IN

2.3 Darstellungen

Mit dem Befehl 'NORMAL VIEW' erhält man eine Normalansicht auf die selektierte Ebene.

 NORMAL VIEW

Mit dem Icon 'CREATE MULTI VIEW' wird der Bildschirm in vier Quadranten unterteilt und das Objekt in unterschiedlichen Sichten dargestellt.

 CREATE MULTI VIEW

Mit der Befehlsleiste 'QICK VIEW' können verschiedene vordefinierte Ansichten erzeugt werden.

Isometric view
Front view
Back view
Left view
Right view
Top view
Bottom view
Named views

Die unterschiedlichen grafischen Darstellungsvarianten von CATIA erhält man mit den Icons 'View mode' in der am unteren

Bildschirmrand befindlichen Befehlszeile.

Die möglichen Darstellungen können der nebenstehenden Abbildung entnommen werden.

Bevorzugt sollte mit der Darstellung 'SHADING WITH EDGES' gearbeitet werden, da dabei auch alle Körperkanten explizit angezeigt werden, was die Selektion einzelner Elemente wesentlich erleichtert.

Mit dem untersten Icon der Leiste 'CUSTOMIZE VIEW PARAMETERS' kann eine selbstdefinierte Ansichtsvariante erzeugt werden.

 CUSTOMIZE VIEW

Dabei erscheint ein Eingabefenster, in dem die Variante konfiguriert werden kann. Hier ist es auch möglich einen Volumenkörper transparent darzustellen.

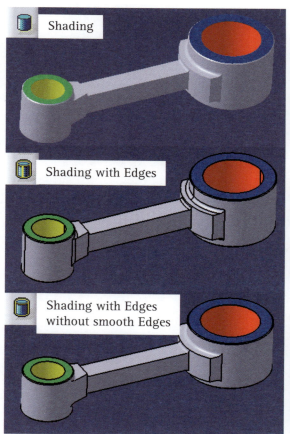

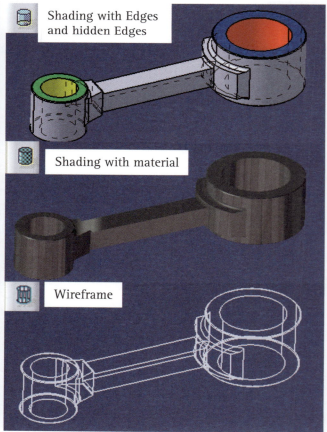

2.3 Darstellungen

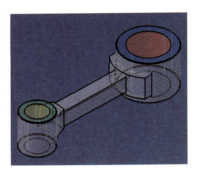

Die transparente Darstellung ist vor allem dann wichtig, wenn innerhalb des Volumenkörpers Hohlräume liegen, die ansonsten nicht angezeigt werden. Damit können auch diese Flächen und Kanten selektiert werden.

Die jeweils letzten getroffenen Einstellungen werden dann gespeichert. Durch neuerlichen Aufruf des Befehls kann wiederum eine neue Ansichtsvariante erzeugt werden.

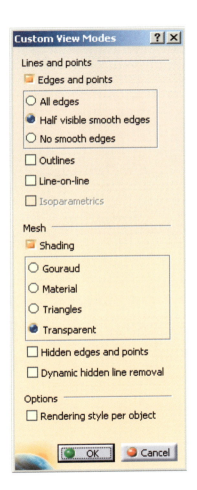

Mit dem Icon 'HIDE/SHOW' können Geometrieelemente in den nichtangezeigten Bereich verschoben werden.

 HIDE/SHOW

Der nichtangezeigte Bereich ist ähnlich einem Layer, in den Elemente verschoben werden können, die nicht dargestellt werden sollen. Die Elemente, die in diesen Layer verschoben werden, sollten stets im Strukturbaum selektiert werden, da es bei einer Selektion im Zeichenbereich zu Problemen beim Hin- und Herverschieben kommt. Elemente die im nichtangezeigten Bereich liegen, werden im Strukturbaum grau dargestellt.

Skizzen werden vom System automatisch in den nichtangezeigten Bereich verschoben, nachdem mit ihnen ein Volumenkörper definiert wurde. Falls sie der User angezeigt haben will, können sie mit 'HIDE/SHOW' wieder in den angezeigten Bereich transferiert werden.

Mit dem Icon 'SWAP VISIBLE SPACE' wird in den unsichtbaren Raum umgeschaltet.

 SWAP VISIBLE SPACE

Hier wird der Hintergrund standardmäßig in türkiser Farbe dargestellt.

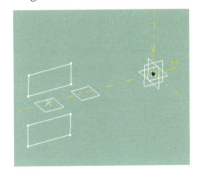

Mit dem Icon 'FLY MODE' kann zu Animationszwecken in eine perspektivische Darstellung umgeschaltet werden.

 FLY MODE

Nun ist es möglich durch den Volumenkörper zu fliegen. Damit können bei komplexen Volumenkörpern interessante Animationen erstellt werden. Um wieder in eine parallele Ansicht zu gelangen, wählt man in der Menüleiste 'View', dann 'Render Style' und dann 'Parallel'.

2.4 Funktionsleiste Standard

In dieser Leiste befinden sich die wichtigen Funktionen zum Öffnen und Speichern von Dateien.

Mit dem Icon 'NEW' wird eine neue Datei angelegt.

 NEW

Daraufhin erscheint ein Auswahlfenster, in dem für eine Volumenkonstruktion der Typ 'Part' zu selektieren ist.

Mit dem Icon 'OPEN' wird eine vorhandene Datei geöffnet.

 OPEN

Nach der Auswahl des Icons wird der Explorer zur Dateiauswahl aufgerufen.

Mit dem Icon 'SAVE' kann eine Datei abgespeichert werden.

 SAVE

Nach Selektion des Icons wird nach dem Dateinamen und dem Verzeichnis, in dem gespeichert werden soll, gefragt.

Mit den Tasten 'Undo' und 'Redo' können einzelne Schritte rückgängig bzw. wieder hergestellt werden.

 UNDO/REDO

Dabei sind alle Schritte, die ab dem Öffnen der Datei durchgeführt wurden, abrufbar.

Mit dem Icon 'COPY' können Geometrien sowohl im Zeichenbereich als auch im Strukturbaum selektiert und anschließend kopiert werden.

 COPY

Um die Selektion einfach zu gestalten, empfiehlt sich eine Selektion im Strukturbaum.

Anschließend können mit dem Icon 'PASTE' die zuvor kopierten Inhalte kopiert werden.

 Paste

Mit diesem Icon wird stets eine exakte Kopie der selektierten Geometrie erstellt.

Zusätzlich kann über das Kontextmenü auch 'Paste Special' gewählt werden. Das Kontextmenü ist im Strukturbaum dort aufzurufen, wo eingefügt werden soll.

2.4 Funktionsleiste Standard

Mit der Auswahl von 'Paste Special' hat man folgende Kopiermöglichkeiten:

Mit der Option 'As specified in Part document' erhält man das gleiche Ergebnis wie zuvor mit Paste.

Mit der Einstellung 'As Result With Link' erhält man anstelle der genauen Spezifikationen im Strukturbaum lediglich einen Volumenkörper, der das Resultat der kopierten Geometrieelemente darstellt. Dieses Volumen kann in der Datei, in der es eingefügt wurde, nicht mehr verändert werden. Es existiert jedoch weiterhin eine Verknüpfung zur ursprünglichen Datei, was durch den grünen Punkt neben dem Volumensymbol im Strukturbaum verdeutlicht wird.

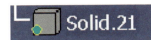

Ändert sich die kopierte Geometrie nun in der Ursprungsdatei, so wird sie mit einem roten Kreuz neben dem Volumensymbol gekennzeichnet.

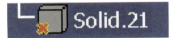

Nach einer entsprechenden Aktualisierung mit dem Befehl 'Update All' wird der Link wiederum aktualisiert.

 UPDATE ALL

Die Geometrie wird auch in der Zieldatei auf den gleichen Stand wie in der Ursprungsdatei gebracht. Somit besteht jederzeit eine Verknüpfung zwischen den beiden Dateien, die auch stets aktualisiert wird. Diese Form der Kopie empfiehlt sich, falls es in der Zieldatei unerwünscht ist, die Geometrie direkt ändern zu können.

Mit der Option 'As Result' wird lediglich ein Volumenkörper bzw. eine Geometrie kopiert, die mehr keinen Link zur Ursprungsdatei enthält. Dargestellt wird dies durch einen roten Blitz neben dem Volumensymbol.

Bei einer Änderung der Geometrie in der ursprünglichen Datei hat dies keine Auswirkung auf das Ergebnis in der Zieldatei. Solche Arten von Kopien führen zu einer nicht weiter änderbaren „dummen" Geometrie und sollten so weit als möglich vermieden werden. Der einzige Vorteil dieser Art zu kopieren ist in der Vermeidung von Abhängigkeiten zwischen den beiden Dateien zu sehen.

2.5 Funktionsleiste Tools

Das erste Icon in dieser Leiste ist der schon zuvor erwähnte Befehl 'Update All'.

 Update All

Dieses Icon wird immer dann aktiv (gelb-schwarzer Wirbelwind) dargestellt, wenn die Geometrie Änderungen unterworfen wurde und sich nicht auf neuestem Stand befindet. Das Ausführen dieses Befehls bewirkt, dass die gesamte Geometrie neu berechnet wird.

Mit dem Icon 'Axis System' kann ein neues Koordinatensystem erzeugt werden.

 Axis System

Dabei ist die Selektion des Koordinatenmittelpunktes notwendig. Weiters können Linien und Kanten zur Ausrichtung der Achsen selektiert werden.

In einer Datei können beliebig viele Achsensysteme definiert werden. Wichtig sind solche Koordinatensysteme vor allem bei der FEM-Analyse, da die Kräfte an den Achsen ausgerichtet werden können.

Mit dem Befehl 'ONLY CURRENT BODY' wird nur der aktuelle Körper angezeigt.

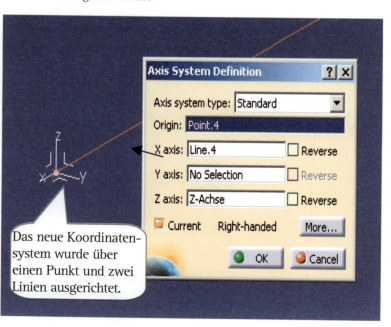

Das neue Koordinatensystem wurde über einen Punkt und zwei Linien ausgerichtet.

 ONLY CURRENT BODY

Mit dem Icon 'OPEN CATALOG' können Teile aus einem standardmäßig installierten Normteilekatalog geöffnet werden.

 Open Catalog

Daraufhin erscheint ein Auswahlfenster, in dem der gewünschte Normteil gewählt werden kann.

2.6 Funktionsleiste Knowledge

Diese modulunabhängige Funktionsleiste stellt die Verknüpfung zur Knowledgeware her. Hier können Parameter definiert, Verknüpfungen mit Excel-Tabellen erstellt und Konstruktionsrichtlinien hinterlegt werden.

Mit dem Icon 'FORMULA' werden Parameter definiert.

 FORMULA

Dabei kann aus einer großen Anzahl an unterschiedlichen Parametertypen gewählt werden. Die wichtigsten für eine Volumenkonstruktion sind:

- Länge (Length)
- Winkel (Angle)
- Integer
- Real

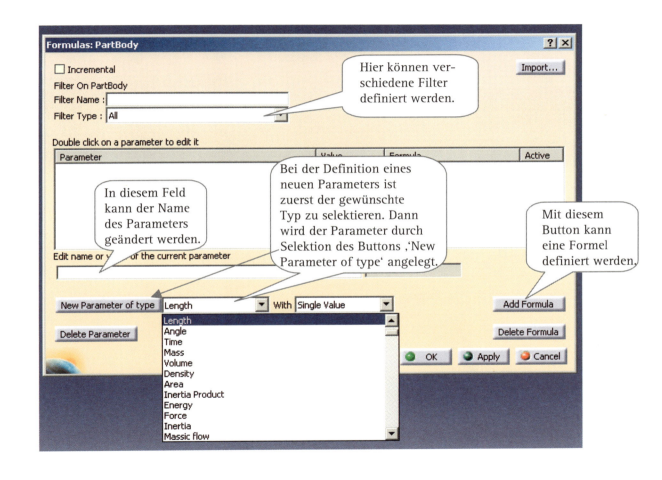

Sämtliche Parameter werden im Strukturbaum unter 'Parameters' aufgelistet.

Die notwendigen Einstellungen dazu finden sich im Kapitel über die Standardeinstellungen für die Volumenkonstruktion.

Durch einen Doppelklick wird das Eingabefenster für den Parameter geöffnet und es kann ihm ein neuer Wert zugewiesen werden.

HINWEIS Bei der Definition der Parameter sollten Sonderzeichen vermieden werden, ansonsten wird der Name unter Kommata dargestellt.

Mit dem Icon 'DESIGN TABLE' kann eine Verknüpfung mit einer Excel-Tabelle hergestellt werden.

 DESIGN TABLE

Die dabei notwendige Vorgangsweise ist im Einstiegsbeispiel des Kapitels 5 beschrieben.
Der Befehl 'LAW' ermöglicht die Erzeugung einer Konstruktionsregel.

 LAW

Bei der Erzeugung der Regel können auch eine Vielzahl von mathematischen Operatoren verwendet werden.

Mit dem Icon 'KNOWLEDGE INSPECTOR' können den Parametern unterschiedliche Werte zugewiesen und deren Auswirkung überprüft werden.

 KNOWLEDGE INSPECTOR

Durch Selektion des Buttons 'Apply' wird der neue Parameterwert zugewiesen.

Mit den Icons 'Lock selected parameters' bzw. 'Unlock selected Parameters' können die zuvor definierten Parameter gesperrt oder auch wieder entsperrt werden.

Lock selected Parameters

Unlock selected Parameters

Gesperrte Parameter können nicht weiter verändert werden. Sie werden im Strukturbaum auch speziell gekennzeichnet dargestellt.

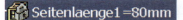

Mit dem Icon 'EQUVALENT DIMENSIONS' können Maße mit gleichem Wert zusammengefasst werden.

 EQUIVALENT DIMENSIONS

Dabei können aus einer Liste sämtlicher Parameter diejenigen, die den gleichen Wert erhalten sollen, gewählt werden. Es erfolgt auch eine entsprechende Eintragung im Strukturbaum.

Die gekennzeichneten Parameter werden dann gemeinsam auf den gleichen Wert geändert.

2.7 Der Kompass

Der Kompass, der sich am rechten oberen Bildschirmrand befindet, hat eine Vielzahl von Funktionen.

Entlang der dargestellten Achsenrichtungen kann der aktuelle Volumenkörper durch Selektion mit der linken Maustaste verschoben werden.

Selektiert man mit der linken Maustaste die Kreisbögen, wird der Körper um die darauf normal stehende Achse gedreht.

Fährt man mit der Maus über den roten Punkt im Kompass, springt dieser um auf ein schwarzes Doppelkreuz, und der Kompass kann mit gedrückter linker Maustaste bewegt werden.

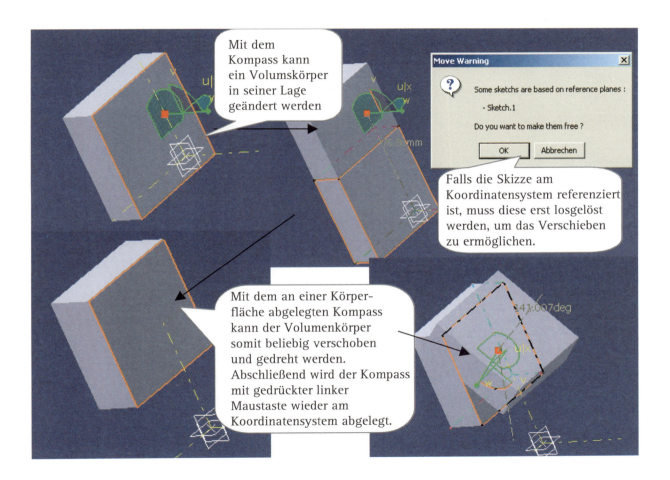

2.8 Standardeinstellungen

In diesem Kapitel werden sämtliche für die Volumenkonstruktion wichtigen Standardeinstellungen beschrieben. Der Aufruf erfolgt über 'Tools' und 'Options'.

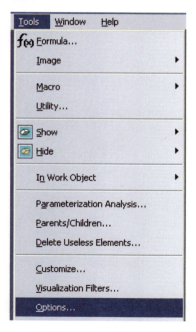

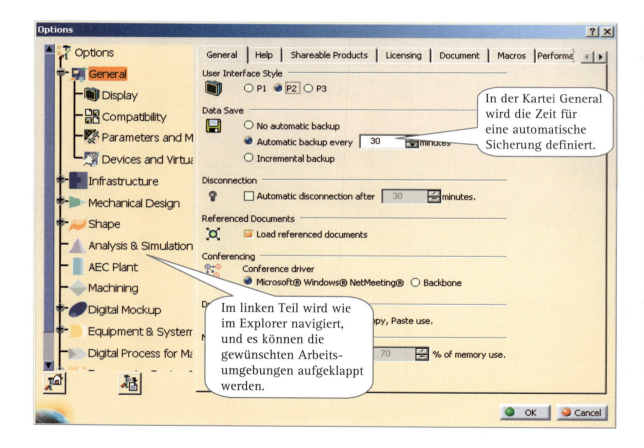

In der Kartei General wird die Zeit für eine automatische Sicherung definiert.

Im linken Teil wird wie im Explorer navigiert, und es können die gewünschten Arbeitsumgebungen aufgeklappt werden.

2.8 Standardeinstellungen

Die Auswahl der Anzeige von Zeichenbereich, Hintergrund, selektierten Elementen und Genauigkeit der Kreisdarstellung finden sich sämtlich in der Kartei 'Display'.

Hier kann in der Kartei 'Performances' die Genauigkeit für 3D- bzw. 2D-Konstruktionen eingestellt werden.

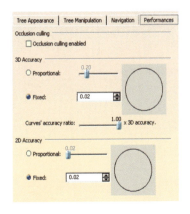

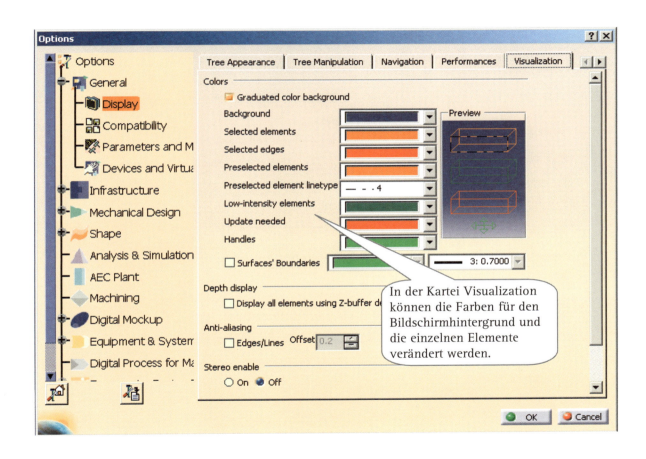

In der Kartei Visualization können die Farben für den Bildschirmhintergrund und die einzelnen Elemente verändert werden.

Der vorgegebene Wert kann dabei, um eine saubere Auflösung zu erhalten, reduziert werden. Dies beansprucht jedoch mehr Prozessorleistung.

In der Umgebung 'Infrastructure' sind bei 'Part Infrastructure' die wichtigsten Einstellungen zur Volumenkonstruktion hinterlegt.

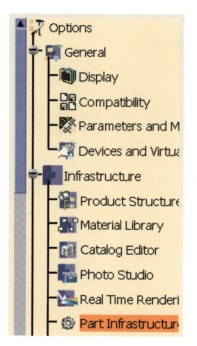

In der Kartei 'General' ist vor allem das Aktivieren des ersten Punktes 'Keep link with selected object' wichtig. Dies bewirkt, dass beim Kopieren von Elementen mit der Einstellung 'As result with link' der Bezug zur Ursprungsdatei beibehalten und aktualisiert wird.

In der Kartei 'Display' ist es wichtig, dass auch Constraints, Parameters und Relations im Strukturbaum dargestellt werden.

Die Einstellung 'Only the current operated solid' bewirkt, dass nur der aktuelle in Bearbeitung befindliche Körper angezeigt wird. Dieser kann auch über das zuvor beschriebene Icon 'Only current Body' erhalten werden.

ONLY CURRENT BODY

2.9 Menüleiste

In der Kartei 'Part Document' befinden sich noch Einstellungen für das generelle Arbeiten im Part Design.

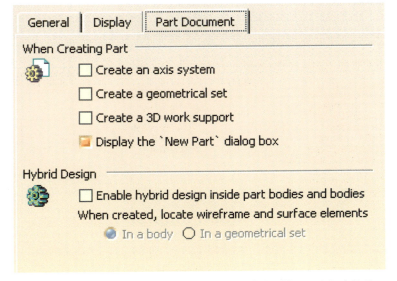

Dabei kann definiert werden, ob ein Achsensystem bzw. ein geometrisches Set erzeugt werden sollen.

Die Einstellung 'Enable hybrid design inside part bodies and bodies' bewirkt, dass Konstruktionen aus der Arbeitsumgebung Generative Shape Design im Strukturbaum zum Datensammler 'Body', und nicht wie sonst üblich im 'Geometrical Set' dargestellt werden. Dies sollte man vermeiden, da die Konstruktionen unübersichtlich werden.

2.9 Menüleiste

In der Menüleiste werden grundlegende Funktionen des Programms angeboten. Dieses Menü ist über alle Module hinweg gleichbleibend aufgebaut und immer verfügbar. Die dazugehörigen Untermenüs jedoch sind abhängig von der gerade aktiven Arbeitsumgebung und beinhalten auch eine Vielzahl der Icons der modulabhängigen Funktionsleisten.

Mit dem Befehl 'Start' kann die gewünschte Arbeitsumgebung geöffnet werden. Dazu ist sie aus den angeführten Hauptarbeitsbereichen im jeweiligen Untermenü zu wählen. Die Arbeitsumgebung Part Design zur Volumenkonstruktion befindet sich im Bereich 'Mechanical Design'. Dort befindet sich mit 'Wireframe and Surface Design' auch die Umgebung zur Flächenkonstruktion. Beinahe gleich aufgebaut ist auch die Arbeitsumgebung 'Generative Shape Design' im Bereich Shape, diese ist lediglich um spezielle Features für den Karosseriebau erweitert.

Der Dateityp bei allen diesen Arbeitsumgebungen ist immer ein CATPart. So kann eine neue Datei auch über 'File' und 'New', sowie über die Auswahl von Part angelegt werden. Das System bringt dann jene Arbeitsumgebung, die zuletzt zur Konstruktion eines Parts verwendet wurde.

Die Arbeitsumgebung kann auch über vordefinierte Favoriten im 'Welcome'- Fenster geöffnet werden. Dazu können diese Favoriten über 'View' sowie 'Toolbars' und 'Customize' in der Kartei 'Start Menu' zusammengestellt werden.

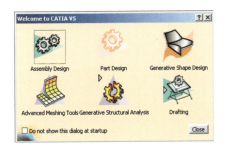

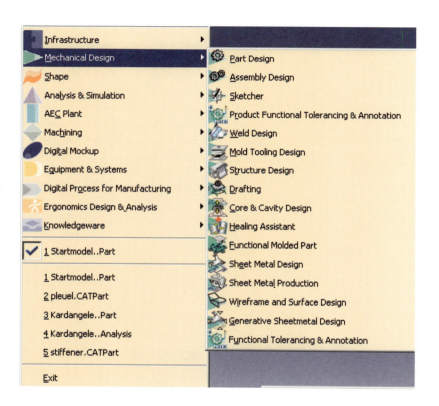

nen dort bis zu zwölf Favoriten konfiguriert werden.

Über das Icon der gerade aktiven Arbeitsumgebung am rechten oberen Bildschirmeck kann nun sehr schnell in den gewünschten Arbeitsbereich gewechselt werden.

Icon Arbeitsumgebung

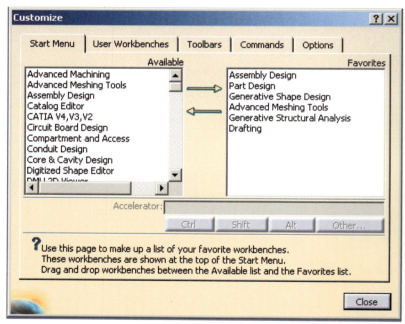

Nach dem Aufruf von 'Start Menu' erhält man im linken Teil des Fensters alle je nach vorhandener Lizenz, verfügbaren Arbeitsbereiche. Durch Selektion des gewünschten Favoriten und Auswahl der 'Pfeil nach rechts'-Taste wird dieser in das Welcome-Fenster verschoben. Es kön-

2.9 Menüleiste

Über die Menüleiste und 'File' erhält man sämtliche Funktionen zum Öffnen, Speichern und Drucken von Dateien.

Mit 'New' wird eine neue leere Datei des im Nachfolgenden gewählten Typs angelegt. Mit 'New from' wird eine bereits angelegte Vorlage geöffnet und kann damit weiterbearbeitet werden.

Mit dem Befehl 'Open' werden vorhandene Dateien geöffnet und mit 'Close' werden Dateien geschlossen.

Jedes erstellte Datenmodell der verschiedenen Funktionsumgebungen des Programms wird in einer separaten Datei gespeichert. Der Modellname am Kopf des Strukturbaums wird standardmäßig auch für die Speicherung der Datei im Betriebssystem vorgeschlagen, falls mit 'Save As' gespeichert wird. Es sollte daher sofort nach dem Anlegen eines neuen Modells ein aussagekräftiger Name vergeben werden. Dies geschieht über einen Aufruf des Kontextmenüs im Strukturbaum am Kopf.

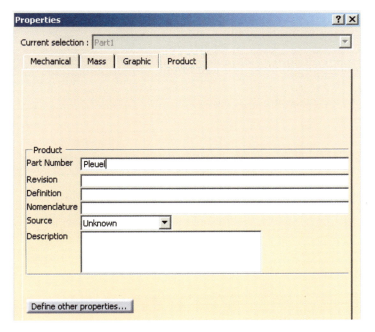

Hier kann in der Kartei 'Product' ein entsprechender Name eingegeben werden. Dieser Name wird dann bei der Speicherung vorgeschlagen, kann jedoch überschrieben werden. Generell sollte der Modellname mit dem Dateinamen übereinstimmen.

HINWEIS Verwendet man die standardmäßig vorgeschlagenen Namen, nämlich Part1 mit jeweils fortlaufender Nummer, führt dies bei der Erstellung von Baugruppen zu Problemen, da die einzelnen Teile mit ihrem Modellnamen und nicht mit dem Dateinamen zusammengebaut werden. Hat man zwei Teile, die am Kopf Part1 heißen, ergibt sich daraus ein Namenskonflikt.

Eine weitere Speicherungsmöglichkeit eröffnet sich über den Befehl 'Save Management'. Hier werden alle geöffneten Dateien mit ihrem Ablagepfad angezeigt. Diese ist vor allem bei Baugruppen sinnvoll, da alle Dateien in ein Verzeichnis gespeichert werden können, wobei der Pfad mit der Option 'Propagate directory' für alle weitergegeben werden kann.

Mit dem Befehl 'Print' kann eine Datei ausgedruckt werden. Im darauf erscheinenden Eingabefenster können die gewünschten Einstellungen getroffen werden.

Mit der Option 'Fit in Page' wird der auszudruckende Bereich genau in die Seite eingepasst. Es kann auch eine Vergrößerung oder Verkleinerung definiert werden.

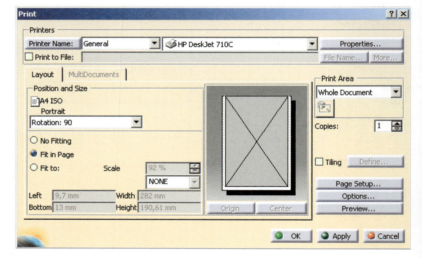

Zuerst wird der gewünschte Drucker gewählt und dort mit dem Button 'Properties' das entsprechende Blattformat.

Vor dem endgültigen Start des Druckvorgangs empfiehlt es sich, über 'Preview' eine Voransicht des Ausdrucks zu kontrollieren.

2.9 Menüleiste

Über den Befehl 'DESK' werden alle derzeit geöffneten Dateien mit ihren Verknüpfungen angezeigt. Dies ist natürlich bei Baugruppen der Fall.

Über das Kontextmenü kann auch der Status der jeweiligen Verknüpfung abgefragt werden.

Mit dem Befehl 'SEND TO' können Dateien in andere Verzeichnisse verschoben oder kopiert werden.

Mit dem Befehl 'DOCUMENT PROPERTIES' erhält man Informationen zu der jeweils aktuellen Datei.

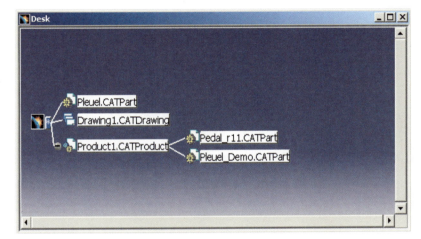

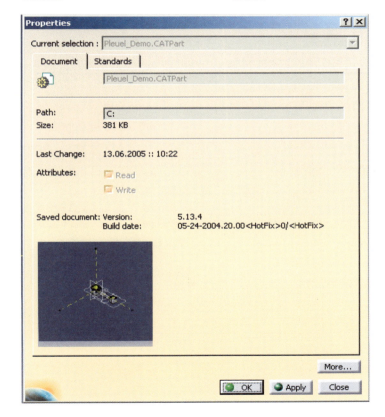

Abhängige, nicht gefundene Dateien werden im Schreibtisch rot gekennzeichnet und können über das Kontextmenü und 'Search' in den vorhandenen Verzeichnissen gesucht werden.

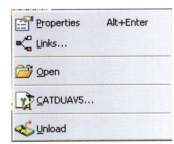

In der Menüleiste und 'Edit' befinden sich im oberen Teil wiederum die Funktionen der Standardleiste.

Es ist dies zuerst das Rückgängig machen und Wiederherstellen von einzelnen Befehlen. Daran anschließend folgt das Aktualisieren (Update) sowie Ausschneiden, Kopieren und Einfügen.

Mit dem Befehl 'DELETE' können markierte Objekte gelöscht werden. Der Vorgang des Löschens kann auch über eine Markierung des gewünschten Objekts und anschließendes Drücken der 'Entfernen-Taste' oder einen Aufruf des Kontextmenüs und 'DELETE' erfolgen.

Mit dem Befehl 'SEARCH' können Objekte eines Typs gesucht und markiert werden.

 SEARCH

Im folgenden Eingabefenster ist zuerst der Objekttyp einzugeben und die Workbench, in der gesucht werden soll. Weiters können Objekte einer gewissen Farbe gesucht werden.

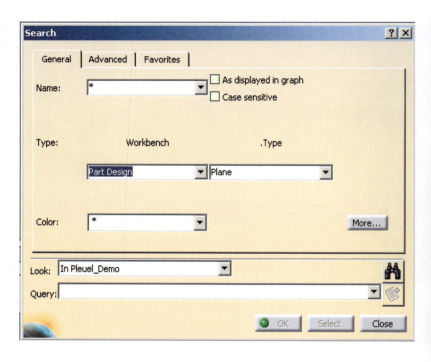

Im angeführten Beispiel wird in der Arbeitsumgebung Part Design nach allen Ebenen gesucht. Mit dem dargestellten Befehl 'SEARCH' kann die Suche gestartet werden. Daraufhin können mit dem Button 'Select' alle Objekte gemeinsam markiert werden. So ist es auf einfache Weise möglich, sämtliche Ebenen in den nicht angezeigten Bereich zu transferieren.

2.9 Menüleiste

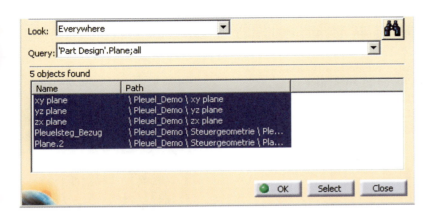

Mit dem Befehl 'SELECTION SETS EDITION' kann eine beliebige Mehrfachselektion in ein Auswahlset zusammengefasst werden.

Dabei sind alle gewünschten Elemente bei gedrückter Steuerungstaste zu selektieren und im folgenden Eingabefenster kann noch ein Name für das Auswahlset festgelegt werden.

Mit dem Befehl 'SELECTION SETS' können solche definierten Sets zu jeder Zeit wieder aufgerufen werden.

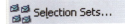

Mit dem Eintrag 'FIND OWNING SELECTION SETS' können bereits angelegte Sets durch die Auswahl eines Elementes zugeordnet werden.

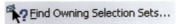

Mit dem Befehl 'LINKS' werden alle Verlinkungen der aktuellen Datei mit anderen Dateien angezeigt. Man erhält eine Darstellung wie zuvor im Schreibtisch (Desk) beschrieben.

Über den Eintrag 'PROPERTIES' werden die Eigenschaften zu einem ausgewählten Objekt angezeigt.

Schließlich soll noch genauer auf den Befehl 'SCAN OR DEFINE IN WORK OBJECT' eingegangen werden. Damit kann schrittweise durch den Strukturbaum einer Konstruktion navigiert werden. Dabei sollte die Einstellung 'Only Current Body' aktiviert sein. Nun sind folgende Icons verfügbar:

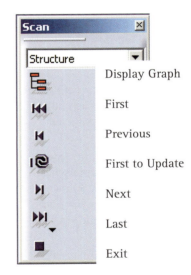

Mit dem Icon 'EXIT' kann an der gewünschten Stelle gestoppt werden. Der nun ausgeführte Befehl wird im Strukturbaum unmittelbar danach eingefügt.

So kann man sich im Strukturbaum an jeder beliebigen Stelle positionieren.

Die Menüleiste erhält unter 'View' und 'Toolbars' alle Workbenches der aktuellen Arbeitsumgebung.

In der nebenstehenden Abbildung sind alle verfügbaren Arbeitskästen des Moduls Part Design dargestellt.

Der links in der Liste befindliche Haken zeigt an, ob der entsprechende Arbeitskasten gerade angezeigt wird oder nicht.

Diese Toolbars sind für jede Arbeitsumgebung unterschiedlich. Standardmäßig werden auch immer nur gewisse häufig verwendete Workbenches angezeigt.

So fehlen im Part Design die Arbeitskästen 'Reference Elements' sowie 'Boolean Operations' in der Standardeinstellung. Diese beiden Arbeitskästen sollten jedoch stets eingeblendet sein.

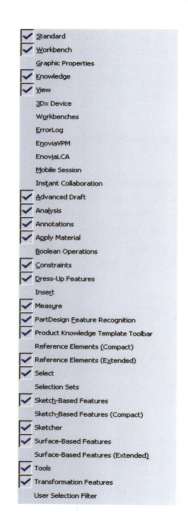

Über den Eintrag 'COMMAND LIST' erhält man eine Aufstellung aller verfügbaren Befehle.

Über die Befehle 'GEOMETRY', 'SPECIFICATIONS' und 'COMPASS' können wahlweise der Zeichenbereich, der Strukturbaum bzw. der Kompass ausgeblendet werden.

Der Strukturbaum kann auch über die Funktionstaste F3 ein- und ausgeblendet werden.

Mit 'RESET COMPASS' wird der Kompass, falls er auf dem Bauteil positioniert ist, in seine Ursprungslage zurückgebracht.

Mit dem Befehl 'TREE EXPANSION' kann der Strukturbaum automatisch bis zu der selektierten Hierarchiestufe aufgeklappt werden.

Die Befehle 'SPECIFICATIONS OVERVIEW' sowie 'GEOMETRY OVERVIEW' ermöglichen eine Neupositionierung des Strukturbaums bzw. des Zeichenbereichs.

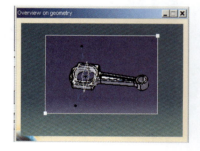

Im danach erscheinenden Fenster kann über die quadratisch angezeigten Punkte der dargestellte Zeichenbereich verschoben werden. Angezeigt wird nur jener Bereich, der innerhalb des inneren Rechtecks liegt.

Die im Anschluss folgenden Befehle von 'FIT ALL IN' bis 'MODIFY' decken sich mit denen der Standardfunktionsleiste 'View' und können auch gleich verwendet werden.

2.9 Menüleiste

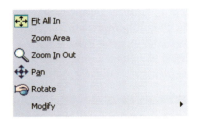

Unter 'NAMED VIEWS' finden sich vordefinierte Ansichten wie Vorderansicht, Seitenansicht usw..

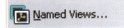

Mit den übrigen Befehlen der Menüleiste 'View' kann die Bildschirmdarstellung variiert werden. So können Lichtquellen definiert und Tiefeneffekte erzeugt werden. Unter 'RENDER STYLE' kann von einer perspektivischen Ansicht wieder in eine parallele Ansicht umgestellt werden.

In der Menüleiste und 'Insert' stehen die wichtigsten Befehle der aktiven Arbeitsumgebung, die sich auch in den Workbenches am rechten Bildschirmrand befinden, zur Verfügung.

Mit 'Insert' und 'Body' wird ein neuer leerer Volumenkörper eingefügt, der vom 'Part Body' unabhängig ist. Dieser ist ein Datensammler für alle Volumenkonstruktionen und kann über die Booleschen Operationen mit diesem verknüpft werden. Es empfiehlt sich eine Konstruktion stets mit dem Einfügen eines solchen neuen Körpers zu beginnen. Der Vorteil besteht darin, dass für diesen Body keinerlei Einschränkungen bestehen.

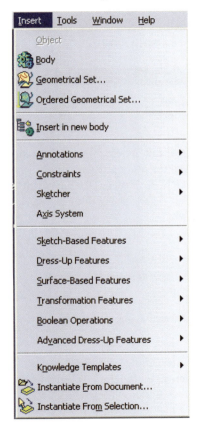

Mit dem Einfügen eines ‚Geometrical Set' erhält man einen Datensammler für Drahtgittergeometrie. Dazu gehören Punkte, Linien, Kurven, Ebenen und Flächen. Alle diese geometrischen Elemente werden automatisch in einem geöffneten Körper zusammengefasst.

Ähnlich verhält sich ein 'Ordered Geometrical Set'. Auch hier wird Drahtgittergeometrie zusammengefasst. Der Unterschied zum geometrischen Set besteht darin, dass an einer Flächenkonstruktion angebrachte Operationen lediglich als Resultat gespeichert werden. Die von der Operation betroffenen Flächen werden damit nicht kopiert und in den nicht angezeigten Bereich gelegt, wie es beim geometrischen Set der Fall ist.

Mit dem Befehl 'INSERT IN A NEW BODY' wird der gerade aktive Volumenkörper in einen neuen leeren Körper (Body) eingefügt.

Sämtliche andere Befehle sind in den Arbeitskästen am rechten bzw. unteren Bildschirmrand angeordnet und werden später beschrieben.

In der Menüleiste unter 'Tools' befinden sich folgende Funktionen:

Mit 'FORMULA' werden Parameter definiert (siehe Kapitel 2.6).

Über den Befehl 'IMAGE' können Screenshots und Videoanimationen erstellt werden.

Über den Befehl 'Macro' können Makros gestartet bzw. aufgezeichnet werden. Dabei ist auch der Visual Basic Editor verfügbar.

Unter 'Show' und 'Hide' befinden sich vordefinierte Selektionskriterien, mit denen schnell Elemente in den nichtangezeigten Bereich verschoben werden können.

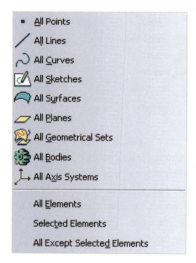

Mit dem Befehl 'IN WORK OBJECT' kann man sich an einer gewünschten Stelle im Strukturbaum positionieren.

Über 'PARENTS/CHILDREN' erhält man die Eltern/Kindgeometrie des gerade aktiven Volumenkörpers und kann somit die Abhängigkeitsketten analysieren.

Mit 'CUSTOMIZE' kann das Startmenü konfiguriert werden. Weiters können neue Befehle und Arbeitsbereiche konfiguriert werden.

2.9 Menüleiste

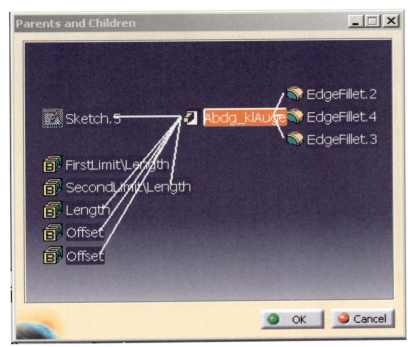

Mit 'OPTIONS' werden die schon im Kapitel 2.8 beschriebenen Standardeinstellungen für die unterschiedlichen Arbeitsbereiche konfiguriert.

Mit dem Eintrag 'Standards' können die gewünschten Zeichnungsstandards definiert werden. Dazu sollte man allerdings den Administrator-Modus starten. Dann können für die gewählte Norm alle Einstellungen konfiguriert und gespeichert werden. So ist es z.B. möglich, die Darstellung der Maßlinie mit einem gefüllten Pfeil zu erhalten.

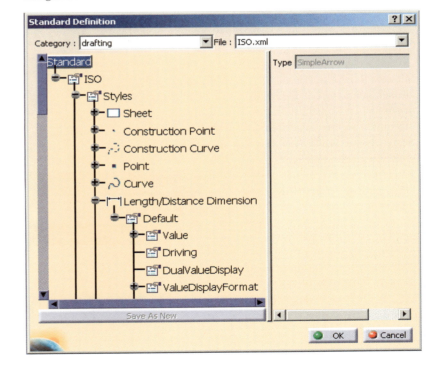

Mit dem Befehl 'VISUALIZATION FILTERS' können unterschiedliche Filter für die verwendeten Layer definiert and zugewiesen werden.

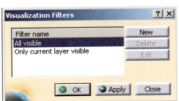

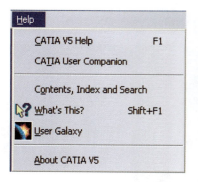

Mit dem Befehl 'PUBLICATION' können geometrische Elemente der aktuellen Konstruktion veröffentlicht werden. Veröffentlichte Objekte schaffen eine eindeutige Schnittstelle zwischen mehreren Teilen. Dies ist vor allem bei der Erstellung von Baugruppen wichtig, denn damit können Anschlussteile einfach und lagerichtig ausgetauscht werden, falls sich die Baugruppenbedingungen auf diese veröffentlichten Objekte beziehen. Veröffentlicht werden können über das dargestellte Eingabefenster Punkte, Linien, Achsen, Ebenen und Flächen.

Die veröffentlichten Elemente werden im Strukturbaum ganz unten dargestellt.

In der Menüleiste werden unter 'Window' alle geöffneten Dateien angezeigt und der Bildschirm kann horizontal bzw. vertikal geteilt werden.

Schlussendlich sind in der Menüleiste unter ‚Help' alle verfügbaren CATIA- Hilfefunktionen abrufbar.

Die Online-Dokumentation, welche auch über die Funktionstaste F1 aufgerufen werden kann, ist allerdings gesondert zu installieren. Ebenso der CATIA User Companion, der auch lizenzpflichtig ist.

Unter 'ABOUT CATIA V5' erhält man ein Informationsfenster, in dem die Releaseversion sowie der Servicepack der gerade geöffneten Version angezeigt werden.

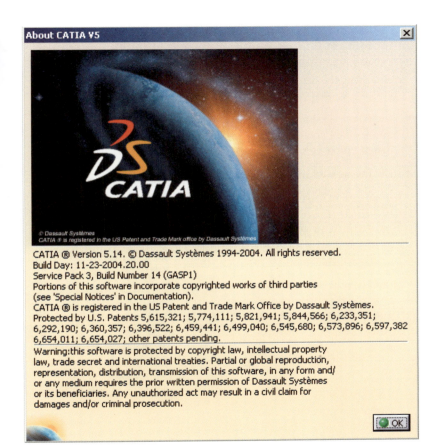

2.10 Referenzelemente

Zu den Referenzelementen gehören Punkte, Linien und Ebenen. Diese befinden sich in der Workbench 'Reference Elements extended' und sollten stets eingeblendet werden.

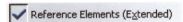

Mit diesen Befehlen wird eine Drahtgittergeometrie erzeugt, die als Steuerungselemente für die Volumenkörper dienen. Im Strukturbaum werden diese Elemente unter einem geometrischen Set (Geometrical Set) zusammengefasst.

Da diese Befehle prinzipiell in den Arbeitsbereich der Flächenerzeugung gehören, werden sie im Part Design auch standardmäßig nicht eingeblendet. Sie sind aber von entscheidender Bedeutung, um eine Steuergeometrie zu erstellen, und werden aus diesem Grund auch hier abgehandelt.

Punkt (Point)

Mit diesem Befehl können Punkte auf die unterschiedlichste Weise konstruiert werden. Folgende Möglichkeiten stehen zur Auswahl:

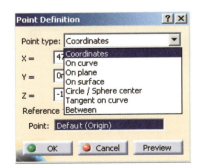

Punkte können über ihre Koordinaten, auf einer Kurve, auf einer Ebene, auf einer Fläche, als Kreismittelpunkt und als Mittelpunkt einer Linie erzeugt werden.

Linie (Line)

Auch Linien können auf die unterschiedlichste Art konstruiert werden.

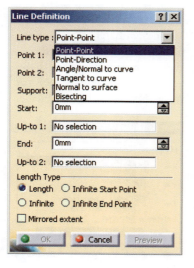

Der einfachste Weg ist die Verbindung von zwei Punkten. Weiters kann eine Linie über einen Punkt und eine Richtung, normal auf eine Kurve, tangential zu einer Kurve, normal auf eine Fläche und als Winkelhalbierende erzeugt werden. Anschließend erfolgt im Eingabefenster eine Angabe der Länge in jeweils zwei Richtungen. Die Linie kann mit 'Infinite' auch mit unendlicher Ausdehnung definiert werden.

Ebene (Plane)

Das dritte Element der Referenzelemente stellen Ebenen dar. Auch hier gibt es umfangreiche Möglichkeiten, um Ebenen zu definieren.

Die wichtigsten sind:

- Die Ebene kann parallel zu einer vorhandenen Ebene mit einer Angabe des Offsetwerts erzeugt werden.
- Die Ebene wird parallel durch einen bereits vorhandenen Punkt verschoben.
- Die Ebene wird normal auf eine vorhandene Ebene konstruiert.
- Die Ebene wird um einen gewissen Winkel zu einer anderen Ebene gedreht.
- Die Ebene wird durch Selektion von drei Punkten definiert.
- Die Auswahl von zwei Linien führt ebenfalls zu einer Ebene.
- Die Ebene wird über einen Punkt und eine Linie erzeugt.
- Über die Selektion einer ebenen Kurve wird die entsprechende Ebene dargestellt.

- Häufig wird eine Ebene normal auf eine Kurve durch einen selektierten Punkt gelegt.
- Auch tangential zu einer Fläche kann eine Ebene über einen zusätzlich selektierten Punkt erzeugt werden.
- Eine Ebene wird erzeugt durch die Eingabe der Koeffizienten A, B, C und D der Ebenengleichung.

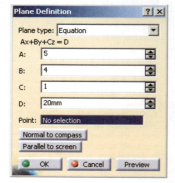

- Schließlich kann durch Selektion von mindestens drei Punkten eine Ausgleichsebene konstruiert werden.

3 Konstruktionsmethodik

3.1 Allgemeine Richtlinien

Die Hauptziele einer Konstruktionsmethodik sind:

- Ein übersichtliches CAD-Modell, in dem sich ein Anwender, der das Modell nicht kennt, schnell zurechtfindet. Es sind Volumenkörper oder Operationen zu verwenden, die für den entsprechenden Einsatzzweck jeweilig geeignet sind. Volumenkörper und Operationen werden in Körpern so gruppiert, dass ein nachvollziehbarer Konstruktionsbaum entsteht.

- Dieses einfache CAD-Modell verfügt nur über geometrische Elemente, die wirklich notwendig sind. Es sind Geometrieelemente zu verwenden, die einfache interne Abhängigkeitsketten zwischen Eltern- und Kindgeometrie erzeugen.

- Aus den beiden eben angeführten Punkten resultiert eine mathematisch stabile Beschreibung des CAD-Modells. Ein CAD-Modell ist dann mathematisch stabil, wenn eine geometrische Änderung berechnet werden kann, ohne dass Geometrieelemente auf einen Aktualisierungsfehler laufen, weil sie nicht mehr korrekt definiert sind.

Zu diesem Zweck wurde ein für alle Volumenmodelle zu verwendendes Startmodell konzipiert. In diesem sind wichtige Abmessungen als Parameter zu definieren. Des weiteren ist die Steuer- und Referenzgeometrie in einem eigenen geöffneten Körper zu hinterlegen. Der Aufbau des Startmodells ist aus der angeführten Abbildung ersichtlich.

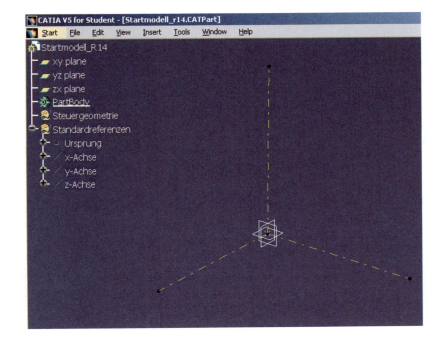

Während des Konstruktionsvorgangs ist es auch sehr wichtig, das Modell klar zu strukturieren.

Strukturieren bedeutet, etwas nach einem Schema zu ordnen. Die Strukturierung eines Volumenmodells beschreibt das Schema, mit dem ein Volumenmodell geordnet werden kann, um einem Anwender ein übersichtliches CAD-Modell zu bieten. Einen sehr hohen Einfluss auf die Übersichtlichkeit eines Volumenmodells hat die Grobstruktur des Konstruktionsbaumes. Die Grobstruktur wird durch die Anzahl und Anordnung der Körper des Volumenmodells bestimmt. Die Anzahl und die Anordnung der Körper wird davon beeinflusst, ob ein Anwender nach dem Prinzip der Zerlegung oder dem Prinzip der Abzugskörper vorgeht.

Das Prinzip der Zerlegung umfasst die Untergliederung einer Geometrie in kleinere Untergeometrien. Ein Körper beschreibt in diesem Fall eine Teilgeometrie des Gesamten. Das Prinzip der Zerlegung sollte im oberen Bereich eines Konstruktionsbaumes verwendet werden, um die Grobgeometrie eines Volumenmodells zu beschreiben. Bei der Konstruktion eines spanend hergestellten Bauteils wird dessen Rohteil oder Halbzeug über das Prinzip der Zerlegung modelliert.

Wird das Prinzip der Abzugskörper angewendet, wird von einer Grobgeometrie oder einem Rohteil durch Abzugskörper die Fertiggeometrie erzeugt. Ein Körper beschreibt in diesem Fall einen Abzugskörper. Das Prinzip der Abzugskörper wird im unteren Bereich eines Konstruktionsbaumes verwendet, um entweder eine Grobgeometrie zu verfeinern oder spanende Bearbeitungsoperationen abzubilden.

Beide Prinzipien sollten in einem Volumenmodell kombiniert angewendet werden, um zum einen die Komplexität einer Volumenmodellierung zu reduzieren und zum anderen eine übersichtliche Grobstruktur des Konstruktionsbaumes zu erhalten. Ein nach diesen Prinzipien aufgebauter Strukturbaum hat idealerweise folgendes Aussehen:

3.2 Prinzip der Zerlegung

Ziel der Zerlegung ist es, kleine und überschaubare Geometrieeinheiten zu identifizieren, die vereinigt das Rohteil oder die Grobgeometrie eines Bauteils bilden. Um das Rohteil oder die Grobgeometrie zu erhalten, wird in folgenden Schritten vorgegangen:

- Das Bauteil wird gedanklich in untergeordnete Geometrieeinheiten zerlegt. Bei einem spanend hergestellten Bauteil wird von dem Rohteil ausgegangen.

- Modellieren: Jede Geometrieeinheit wird in einem separaten Körper modelliert. Eine Geometrieeinheit setzt sich aus mehreren Volumenkörpern und Operationen zusammen, deren Ergebnis möglichst nahe an der Fertiggeometrie liegen sollte. Um eine stabile mathematische Beschreibung der Geometrie und kurze, schmale Abhängigkeitsketten zu erhalten, sollte möglichst kein Bezug zwischen zwei Körpern und deren Geometrie aufgebaut werden. Bezüge auf Volumenkörper innerhalb eines Körpers, der eine Geometrieeinheit beschreibt, sind erlaubt.

- Zusammenbauen: Die Körper werden durch boolsche Operationen zusammengebaut und einem Körper zugeord-

3.3 Prinzip der Abzugskörper

net, der entweder die Fertig- oder Grobgeometrie repräsentiert.

- Verfeinern: Die Übergänge zwischen den Geometrieeinheiten werden eventuell durch Operationen wie Verrundungen verfeinert.

Der Strukturbaum erhält beispielhaft folgendes Aussehen:

3.3 Prinzip der Abzugskörper

Ziel des Arbeitens mit Abzugskörpern ist eine Verfeinerung der Grobgeometrie oder des Rohteils. Bevor damit begonnen wird, sollte immer eine Grobgeometrie über das Prinzip der Zerlegung erzeugt worden sein.

Liegt die fertige Rohteilgeometrie vor, wird das Prinzip der Abzugskörper über folgende Schritte ausgeführt:

- Bearbeitungsoperationen: Im ersten Schritt werden die Bearbeitungsoperationen modelliert. Jede Fertigungsstufe erhält einen eigenen Körper (Drehen, Fräsen, Bohren). Es werden Volumenkörper mit negativem Vorzeichen verwendet.

- Zusammenbauen: Die Abzugskörper werden durch boolsche Operationen zusammengebaut und einem Körper zugeordnet, der die Gesamtbearbeitung repräsentiert. Die Gesamtbearbeitung wird von der Grobgeometrie oder dem Rohteil entfernt.

Ein solcherart gestaltetes Fertigteil hat im unteren Teil des Strukturbaums folgendes Aussehen:

3.4 Steuergeometrie eines Volumenmodells

Eine Steuergeometrie ist eine parametrisierte Drahtgeometrie, welche die Hauptabmessungen eines Bauteils beschreibt. Zweck des Einsatzes einer Steuergeometrie ist es, ein Bauteil über die Parameter der Steuergeometrie ändern zu können, ohne einen Volumenkörper oder eine Operation zu editieren.

Um diesen Zweck zu erreichen, müssen alle geometrischen Abhängigkeiten eines Volumenkörpers oder einer Operation auf die Steuergeometrie oder die Ursprungselemente bezogen sein. Ziel ist es also, eine Abhängigkeitskette möglichst immer auf die Steuergeometrie oder die Ursprungselemente zu beschränken, wenn Geometrie erzeugt wird oder Bedingungen definiert werden. Auf diese Weise wird die Steuergeometrie zu einer Art erweiterter Ursprungselemente.

Für alle Hauptabmessungen eines Bauteils werden zusätzlich Parameter definiert, damit diese für einen Anwender im Konstruktionsbaum sofort sichtbar sind.

Ein Volumenkörper wird also einerseits über die Steuergeometrie und andererseits über die Parameter, welche auch mit der Steuergeometrie verknüpft werden, in seinen Hauptabmessungen beschrieben. Die Erzeugung einer neuen Bauteilvariante kann bei solchen Konstruktionen allein über eine Änderung des entsprechenden Parameters erfolgen.

Die Parameter müssen allerdings nicht alle am Beginn der Konstruktion definiert werden. Ergibt es sich erst später, dass die eine oder andere Abmessung mehrmals geändert werden muss, ist die nachträgliche Definition und Zuordnung eines Parameters für diese Abmessung noch jederzeit möglich.

3.5 Konstruktionsrichtlinien

Folgende methodische Richtlinien sollten bei der Neukonstruktion eines Bauteils berücksichtigt werden:

- Eine Steuergeometrie sollte angelegt werden, bevor mit der Modellierung eines Bauteils begonnen wird. Die Steuergeometrie kann während der Modellierung ergänzt werden. Die Steuergeometrie wird einem geöffneten Körper auf der ersten Hierarchieebene des Bauteils zugeordnet.

- Ein Element der Steuergeometrie darf nur von den Ursprungselementen oder anderer Steuergeometrie abhängig sein.

- Für jede Hauptabmessung sollte ein Parameter im Konstruktionsbaum angelegt werden, der über Beziehungen mit der Steuergeometrie verknüpft ist.

- Während der Modellierung eines Bauteils sollten Skizzen oder Bedingungen (Constraints) nach Möglichkeit nur auf Elemente der Steuergeometrie oder Ursprungselemente bezogen werden. Es bietet sich an, Ebenen der Steuergeometrie als Begrenzungselemente eines Volumenkörpers zu wählen. Die Arbeitsweise führt zu einem flachen Abhängigkeitsnetz mit schmalen Abhängigkeitsketten.

- Es gilt die pauschale Regel, dass die Volumenkörperart bevorzugt werden sollte, welche die geringste Anzahl an Eingangselementen besitzt. Je geringer die Anzahl der Eingangselemente eines Volumenkörpers ist, desto schmaler bleibt das Abhängigkeitsnetz des Körpers. Das wiederum wirkt sich vorteilhaft auf die mathematische Stabilität eines Volumenmodells aus. Vorrangig verwendet werden sollten: Pad, Pocket, Shaft, Groove, Hole und Rib.

- Bei der Detaillierung eines Volumenkörpers sollte eine Operation Vorrang vor anderen geometrischen Einflussgrößen besitzen. Geometrische Einflussgrößen sind hierbei die Art eines Volumenkörpers oder dessen Parameter. Der Grund ist in der Änderungsfreundlichkeit und mathematischen Stabilität eines Volumenmodells zu suchen. Eine Operation kann zum einen einfach modifiziert, ergänzt oder entfernt werden, zum anderen befindet sich eine Operation im Abhängigkeitsnetz eines Volumenmodells hinter einem Volumenkörper. Dadurch sind in der Regel weniger Elemente des Abhängigkeitsnetzes im Fall einer Änderung betroffen, als dies der Fall wäre, wenn die geometrische Gestalt des Volumenkörpers schon durch dessen Eingangsparameter realisiert worden wäre. Die Operationen sind in folgender Hierarchie im Strukturbaum zu ordnen:

1. Draft
2. Fillet, Chamfer
3. Shell, Thickness

Dies ist vor allem deshalb wichtig, da die Operation der

Entformschräge die gravierendsten Auswirkungen auf einen Volumenkörper mit sich bringt. Werden die Entformschrägen erst nach den Verrundungen angebracht, ergibt dies in jedem Fall variable Radien, meist sogar Fehlermeldungen aufgrund einer geometrischen Unmöglichkeit.

- Die Volumenkörper eines Körpers dürfen und sollen sich durchdringen. Angestückelte Volumenkörper sind aufwendig zu erstellen und führen zu einem komplexen Abhängigkeitsnetz. Zusätzlich können bei einem Datenexport in ein anderes CAD-Format Lücken im Volumenmodell entstehen.

- Konturen sollten scharfkantig erstellt werden. Kurven und Kreisbögen sollten nur verwendet werden, wenn große Funktionsradien eines Bauteils abgebildet werden.

- Verrundungen und Fasen sollten nicht in einer Kontur angebracht werden, sondern als Operation am Volumenkörper. Jedes Element einer Kontur erzeugt eine zusätzliche Abhängigkeitskette im Abhängigkeitsnetz eines Volumenmodells.

- Eine Ausformschräge sollte im Konstruktionsbaum möglichst unmittelbar auf den Volumenkörper folgen, der die auszuformenden Teilflächen bereitstellt. Dadurch erhöht sich die mathematische Stabilität einer Ausformschräge beträchtlich.

- Die Automatismen von CATIA sollten verwendet werden, um tangentenstetige Teilflächen und auszuformende Teilflächen über das neutrale Element automatisch zu erkennen. Die Anzahl der deklarierten Teilflächen einer Ausformoperation wird dadurch minimiert, was deren mathematische Stabilität erhöht.

Befolgt man die angeführten Richtlinien, erhält man sehr stabile und änderungsfreundliche Konstruktionen.

3.6 Die objektorientierte Strukturierung eines Volumenmodells

Vor allem für komplexe Teile empfiehlt es sich, beginnend mit einer Bauteilanalyse, die Konstruktion in mehrere Objekte, so genannte Unterstrukturen zu untergliedern. Ergebnis ist eine übersichtliche und einfache Struktur des Bauteils. Der anfängliche Mehraufwand durch die Planungsphase reduziert sich mit der Routine und wird durch eine Unterstützung bei der Geometrieerstellung und vordefinierter Strukturen in einem Startmodell leicht ausgeglichen. Eine gute Vorplanung und Strukturierung garantieren den Erfolg einer parametrisch assoziativen Konstruktion. Jedes Objekt verfügt lokal über alle Steuergrößen wie Parameter und Steuergeometrie.

Die Objekte eines Bauteils sind Bauteilbereiche, die eine bestimmte konstruktive Funktion erfüllen. Die Objekte eines Bauteils werden dabei als Unterstrukturen bezeichnet. Vor jeder Bauteilentwicklung für ein neues Produkt sollten Konstruktionslastenhefte mit den Anforderungen an die Bauteile angefertigt werden.

Die Analyse der Bauteilfunktionen liefert die Unterstrukturen des Bauteils. Jedes dieser Objekte wird als eigenständige Geometrie unabhängig von den Unterstrukturen des restlichen Bauteils aufgebaut.

Der geometrische Zusammenbau der einzelnen Unterstrukturen erfolgt über die Boole'schen Operationen. Damit entsteht ein klar strukturierter und mathematisch stabiler Strukturbaum.

Unterstrukturen bilden eine in sich geschlossene Einheit und können somit als Ganzes kopiert und wieder verwendet werden. Diese Wiederverwendung erfolgt ohne größeren Zeitaufwand, da fehlende Referenzen nicht auftreten. Über den Bezug der Unterstruktur zum Positionspunkt kann sie an jeder beliebigen Stelle referenziert werden. Das gesamte Bauteil wird später aus den einzelnen Unterstrukturen zusammengesetzt.

Im Strukturbaum hat eine solche Unterstruktur folgendes Aussehen:

Unterhalb des Körpers 'Unterstruktur1' befindet sich das geometrische Set 'Steuergeometrie' das alle relevanten Positionierungsinformationen enthält.

Durch diese hybride Arbeitsweise beinhaltet der Körper alle notwendigen Geometrieelemente und kann somit durch Kopieren an jeder beliebigen Stelle der Konstruktion wieder verwendet werden.

Steuergeometrie sollte während der Konstruktion sichtbar und auffallend sein. Steuergeometrie dient zum Verständnis des Konzeptes. Die Zuordnung zu einer Bauteilfunktion sollte direkt erkennbar sein. Steuergeometrie stellt somit das Bindeglied zwischen der dargestellten Geometrie und dem Strukturbaum dar.

Zur Steuergeometrie sind generell Positionspunkte und netzparallele Ebenen zu zählen.

Positionspunkte werden als Koordinatenpunkte erstellt und sollten beim Konstruieren immer sichtbar sein.

Netzparallele Konzeptebenen werden durch den Positionspunkt und parallel zu einer der Hauptebenen aufgebaut.

Da diese Hauptebenen aber in jedem CATPart standardmäßig enthalten sind, wird beim Kopieren über CATParts hinweg automatisch die richtige Ebene zugeordnet. Fehlende Referenzen können nicht entstehen.

Bei dieser Konstruktionsmethodik sollte stets mit positionierten Skizzen gearbeitet werden, die sich jeweils auf den Positionspunkt referenzieren. Die jeweilig gewünschte netzparallele Ebene wird als Stützelement selektiert. Die positionierte Skizze wird über nachfolgend dargestellten Weg definiert:

Der Befehl 'Positioned Sketch' befindet sich im Pulldown Menü des Sketchers. Dabei wird der Typ auf 'Positioned' und der Ursprung des vertikalen und horizontalen Koordinatensystems auf 'Projection point' eingestellt.

Damit liegt der positionierten Skizze nunmehr ein absolutes Koordinatensystem zugrunde. Ohne diese Einstellungen oder bei Verwendung eines gewöhnlichen Sketches erhält man keine nachvollziehbare Position des Sketcher- Koordinatensystems.

3.7 Startmodell für komplexe Bauteilkonstruktionen

Das beiliegende erweiterte Startmodell sollte für aufwendige Bauteile, die sich nach dem objektorientierten Ansatz in Unterstrukturen gliedern lassen, verwendet werden.

Durch Vorgabe von festen Strukturen im Startmodell lässt sich eine Standardisierung der Konstruktionsmethodik erreichen. Die somit erstellten Bauteile sind für alle verständlich, weiterverarbeitbar und austauschbar.

Der in der allgemeinen Konstruktionsmethodik vorgegebene gleichartige Aufbau von Unterstrukturen mit Positionspunkten, netzparallelen Konzeptebenen wurde im Startmodell durch vorbereitete Strukturen schon vorgegeben. Durch diese vorbereiteten Strukturen und Kopiervorlagen spart man Teilumfänge der Geometrieerstellung. Die

Kopiervorlage befindet sich im Startmodell am Ende des Strukturbaums. Diese wird kopiert, deren Positionspunkt an eine wieder erkennbare Position der Bauteilgeometrie positioniert, und die vorbereiteten positionierten Skizzen zur Erstellung der Konzeptkurven werden im Sketcher bearbeitet.

Für jedes in der Bauteilanalyse definierte Objekt wird die Kopiervorlage verwendet, als weiterer Körper eingefügt und umbenannt. Durch diese Arbeitsweise entstehen mathematisch äußerst stabile und sehr änderungsfreundliche Modelle, die weiters klar strukturiert sind und über möglichst kurze Abhängigkeitsketten verfügen.

Es erfolgt keine Unterscheidung zwischen Solid- und Flächenbauteilen. Solid- und Flächenfunktionen können frei kombiniert werden. Realisiert wird diese hybride Arbeitsweise, indem jedem Solidkörper ein 'Geometrical Set' für die dazugehörende Hilfskonstruktion zugeordnet wird.

Die Funktion 'Hybrid Design' darf dazu jedoch nicht aktiviert sein!

3.8 Power Copies

Power copies ermöglichen dem Konstrukteur ein schnelles und effizientes Arbeiten. Die benötigten Icons finden sich in der unteren horizontalen Funktionsleiste.

Ein wiederkehrendes Konstruktionsdetail kann somit einfach in einem anderen Bauteil wieder verwendet werden. Zur Definition eines Power copies sind folgende Schritte durchzuführen.

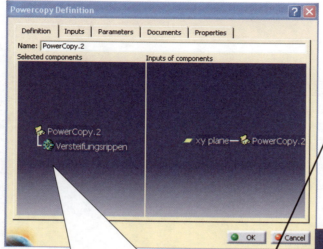

Zur Definition des Power Copies wird im Strukturbaum der gewünschte Körper selektiert – in diesem Beispiel die Versteifungsrippen. Optional kann die Konstruktion auch mit Parametern versehen werden, um einfacher Varianten erzeugen zu können. Als Eingabeelement wird dem Power copy automatisch eine Stützebene sowie der Positionspunkt zugeordnet.

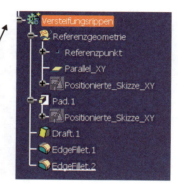

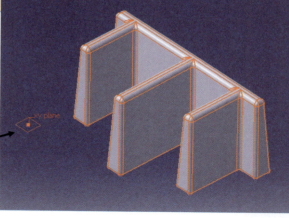

3.9 Power copies einfügen

Fertig definierte Power copies können in jedem beliebigen CATPart verwendet werden. Dazu muss die Datei, in der das Power copy definiert wurde jedoch geschlossen sein. Um den Einfügevorgang zu starten wählt man folgenden Befehl.

 Instantiate from Docoment

Dann wird im Explorer die Datei mit dem gewünschten Power Copy selektiert.

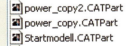

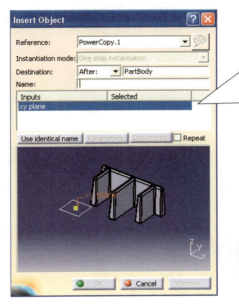

Als Input wird bei diesem Power copy die Selektion einer Stützebene erwartet, in der die Skizze liegen soll. Wichtig ist es auch, die Orientierung – angezeigt durch den roten sowie den grünen Pfeil – zu überprüfen und gegebenenfalls umzukehren. Nach Bestätigung mit der OK-Taste wird das Power Copy in der neuen Datei eingefügt. Der Strukturbaum des eingefügten Details hat in diesem Fall dasselbe Aussehen wie in der Ursprungsdatei.

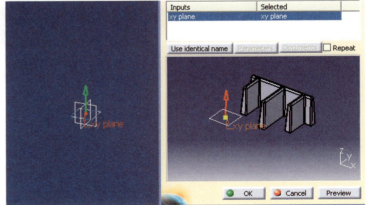

3.10 User defined Features

Im Unterschied zum Power copy wird beim User Feature der Strukturbaum nicht mitkopiert. Die Ausprägungen des Details können somit in der Zieldatei nicht mehr verändert werden. Der Vorteil ergibt sich jedoch im geringeren Speicherbedarf eines User Features gegenüber einem Power Copy.

Die Definition des User Features erfolgt analog zum Power Copy.

 Create a User Feature

Auch das Einsetzen eines User Features erfolgt in der gleichen Weise wie zuvor bei einem Power Copy beschireiben. Im Strukturbaum stellt sich ein User Feature folgendermaßen dar.

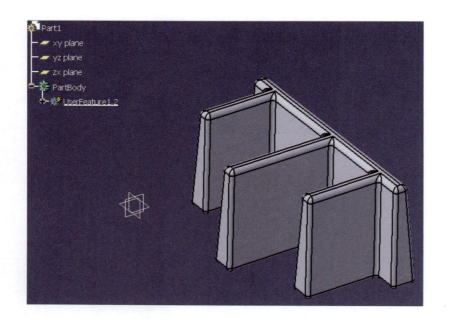

4 Skizzierer

4.1 Allgemeines

Eine Skizze ist ein geometrisches Element, das eine oder mehrere Konturen oder Hilfsgeometrie beinhaltet. Jede Skizze verfügt über Ursprungselemente, Geometrieelemente und Bedingungselemente. Die Skizzen werden in einer eigenen Arbeitsumgebung, dem 'SKETCHER' erzeugt.

Der Sketcher (Skizzierer) ist eine eigene Arbeitsumgebung, die nach der Auswahl der gewünschten Skizzierebene über das Icon 'SKETCHER' gestartet wird.

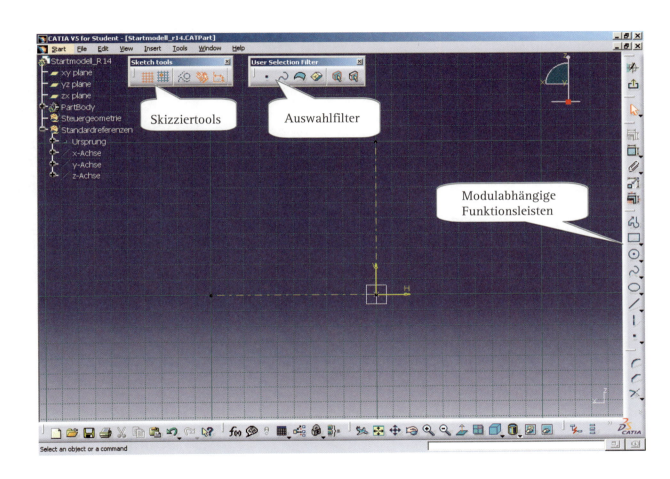

 Sketcher

Der Skizzierer verfügt über eine Reihe von Werkzeugkästen, die im Folgenden genau beschrieben werden.

4.2 Darstellung der Skizzen im Strukturbaum

Zu jeder Skizze gibt es im Strukturbaum drei Einträge:

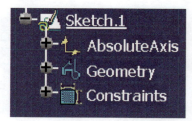

Unter 'Absolute Axis' sind die Ursprungselemente einer Skizze festgelegt. Es sind dies die gelb angezeigte horizontale und vertikale Achse sowie der Ursprungspunkt. Diese Bezugselemente beschreiben die Ausrichtung einer Skizze im Raum. Verwirrend ist allerdings die Bezeichnung 'Absolute Axis', da es sich nicht um ein globales Koordinatensystem handelt, welches für das gesamte Volumenmodell gültig ist. Vielmehr ist das in jeder Skizze gelb dargestellte Achsensystem ein lokales Achsensystem, das nur zur Positionierung der Skizzenebene dient. Aus diesem Grund sollten Bezüge auf diese Achsen vermieden werden. Stattdessen sollte man sich auf ein globales Koordinatensystem, wie es auch im Startmodell unter den Standardreferenzen vorhanden ist, beziehen.

Prinzipiell kann zwischen drei Skizzentypen unterschieden werden:

- Gleitenden Skizzen
- Positionierten Skizzen
- Isolierten Skizzen

Eine gleitende Skizze besitzt nur die Skizzierebene selbst als Bezugselement, und sie wird mit dem Icon 'SKETCHER' erstellt.

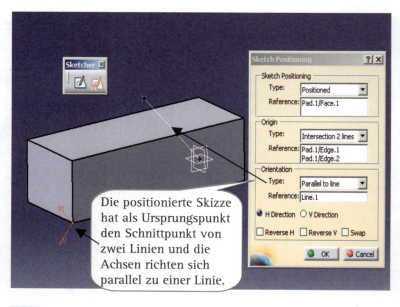

Die positionierte Skizze hat als Ursprungspunkt den Schnittpunkt von zwei Linien und die Achsen richten sich parallel zu einer Linie.

 SKETCHER

Eine positionierte Skizze kann darüber hinaus über Bezugselemente für den Ursprungspunkt sowie die Skizzenachsen verfügen, und wird mit dem Icon 'SKETCH WITH ABSOLUTE AXIS DEFINITION' erzeugt.

 Sketch With Absolute Axis Definition

Die dargestellte Abbildung zeigt ein Beispiel für eine positionierte Skizze. Dabei ist der Ursprungspunkt der Skizze der Schnittpunkt zweier Kanten des dargestellten Prismas. Die Ausrich-

4.2 Darstellung der Skizzen im Strukturbaum

tung der Achsen (Orientation) wird parallel zu einer vorhandenen Linie definiert.

Noch besser ist es, anstatt der zwei Linien den Ursprung mit der Einstellung 'Projection point' und hier den Positionspunkt zu definieren (siehe Kap. 3.6).

Eine isolierte Skizze verfügt über keine Bezugselemente und kann aus jeder der zuvor beschriebenen Skizzenarten über das Kontextmenü erzeugt werden. Diese Skizze verfügt über keine Elterngeometrie, was auch durch den entsprechenden Auf-

Um eine isolierte Skizze zu erzeugen, wird unter 'Type' islolated selektiert.

ruf im Kontextmenü sichtbar wird.

Alle Geometrieelemente einer Skizze sind unter dem Eintrag 'Geometry' im Strukturbaum zusammengefasst. Dies können Punkte, Linien, Kreise und Kurven sein.

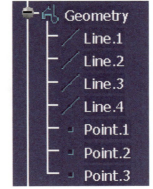

Jedes dieser Elemente kann als Standardelement oder als Konstruktionselement definiert sein. Ein Konstruktionselement wird bei der Erzeugung eines Volumenkörpers aus einer Skizze nicht berücksichtigt und im dreidimensionalen Arbeitsbereich auch nicht angezeigt. In einer Skizze wird es grau und strichliert dargestellt. Mit dem Icon 'Construction/Standard Element' in der Sketch Tools-Leiste können Standardelemente in Konstruktionselemente umgewandelt werden.

 Construction/Standard Element

Bei eingeschaltetem Icon (orange) werden sofort Konstruktionselemente erzeugt.

Ein nachträgliches Umwandeln von Konstruktionselementen in Standardelemente ist ebenfalls möglich.

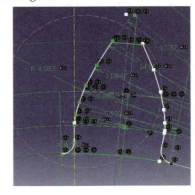

Unter dem Eintrag 'Constraints' werden im Strukturbaum alle Bedingungen zusammengefasst.

Dazu gehören sowohl Bemaßungen wie Längen, Abstände, Winkel, Radien und Durchmesser als auch geometrische Bedingungen. Geometrische Bedingungen positionieren Geometrieelemente relativ zueinander. Dazu gehören Tangentenstetigkeit, Parallelität, Kongruenz usw. Eine vollständige Übersicht aller Bedingungen findet sich auf Seite 25. Eine Bedingung wird auch im Zeichenbereich unmittelbar an seinem Geometrieelement dargestellt.

In der Skizzierebene wird standardmäßig auch ein grau punktiertes Gitter dargestellt, welches das Skizzieren für den Anwender erleichtern soll. Dieses Gitter kann mit dem Icon 'GRID' deaktiviert werden.

 GRID

Der Abstand der einzelnen Gitterlinien beträgt 10mm und ist in den Standardeinstellungen festgelegt.

Um das freihändige Skizzieren weiter zu erleichtern, können über Aktivierung des Symbols 'SNAP TO POINT' nur mehr die Schnittpunkte der einzelnen Gitterlinien selektiert werden.

 SNAP TO POINT aktiv

Ziel des Skizzierens ist es, zuerst die grobe Form ungefähr darzustellen, und anschließend über Constraint maßlich und lagerichtig genau zu bestimmen.

Bei aktivierter Funktion 'Snap to Point' können nur die Schnittpunkte des Gitters selektiert werden.

4.3 Profiles

In dieser Funktionsleiste befinden sich die Befehle zum Erstellen einer Kontur bzw. eines Linienzuges.

Mit dem Befehl 'PROFILE' kann ein Linienzug aus Geraden und Kreisbögen zusammengesetzt werden.

PROFILE

Soll ein Kreisbogen tangential an eine Linie anschließen, so muss nach dem Setzen des Linienendpunktes die linke Maustaste gedrückt bleiben und dann die Maus bewegt werden. Vergisst man darauf, kann der tangentiale Kreisbogen auch über die Sketch Tools-Leiste aufgerufen werden.

In der Sketch Tools-Leiste sind auch die aktuellen Koordinaten des gerade skizzierten Punktes ersichtlich.

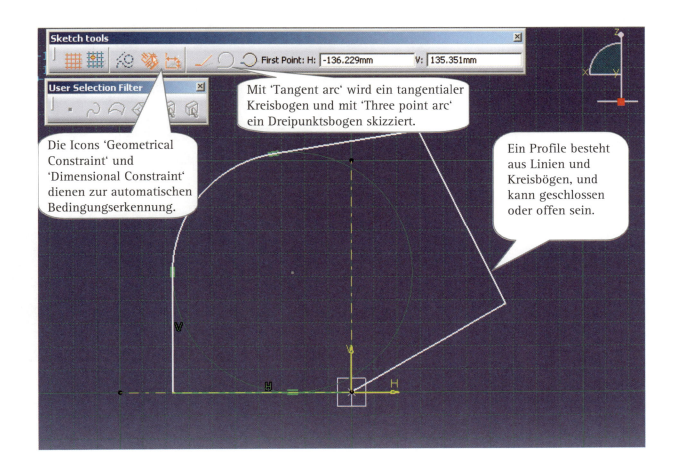

HINWEIS Wird während des Skizzierens das aktuelle Element blau dargestellt, bedeutet das, dass das System automatisch eine Bedingung erkannt hat. Drückt man nun die Steuerungstaste, kann der Cursor nur mehr in Richtung der erkannten Bedingung bewegt werden.

Der oben beschriebene Sachverhalt tritt allerdings nur bei aktivierter automatischer Bedingungserkennung (Geometrical constraint ist eingeschaltet – orange) auf. Falls während des Skizziervorgangs ungewollt zu viele Bedingungen erkannt werden, empfiehlt es sich das Icon vorübergehend auszuschalten. Die geometrischen Bedingungen werden dann nicht gesetzt.

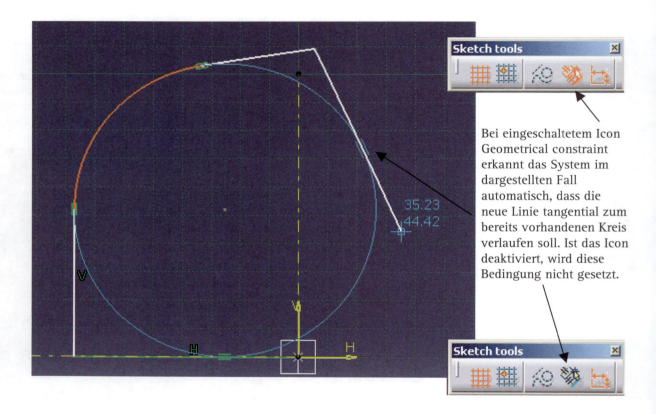

Bei eingeschaltetem Icon Geometrical constraint erkennt das System im dargestellten Fall automatisch, dass die neue Linie tangential zum bereits vorhandenen Kreis verlaufen soll. Ist das Icon deaktiviert, wird diese Bedingung nicht gesetzt.

4.4 Predefined Profiles

Mit dieser Workbench können vordefinierte Profile skizziert werden, die dann automatisch mit geometrischen Bedingungen versehen werden.

Dabei stehen die in der folgenden Übersicht zusammengefassten Profile zur Auswahl.

ACHTUNG Ist das Icon 'Geometrical constraints' bei der Erzeugung dieser Profile nicht aktiviert, kann die Form der Profile auch auf unerwünschte Art verändert werden. So wird beispielsweise beim Rechteck nicht definiert, dass zwei Linien horizontal und zwei Linien vertikal sein müssen.

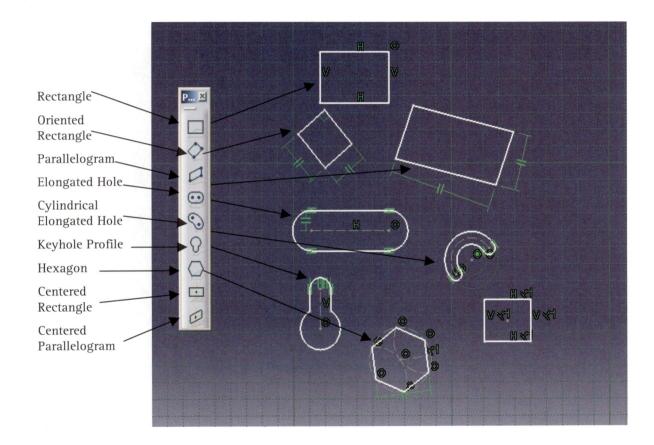

4.5 Circle

Mit dieser Funktionsleiste können Vollkreise oder Kreisbögen skizziert werden.

Dabei gibt es die unterschiedlichsten Möglichkeiten, um die notwendigen Parameter festzulegen. Ein Vollkreis wird über seinen Mittelpunkt und den Radius oder den Durchmesser erzeugt.

Die nebenstehende Übersicht zeigt die wichtigsten Icons zur Erstellung von Kreisen beziehungsweise Kreisbögen.

HINWEIS Beim dreitangentialen Kreis (Three-Tangent Circle) können sowohl Linien als auch Kreise und Kurven, zu denen der Kreis tangential sein soll, selektiert werden.

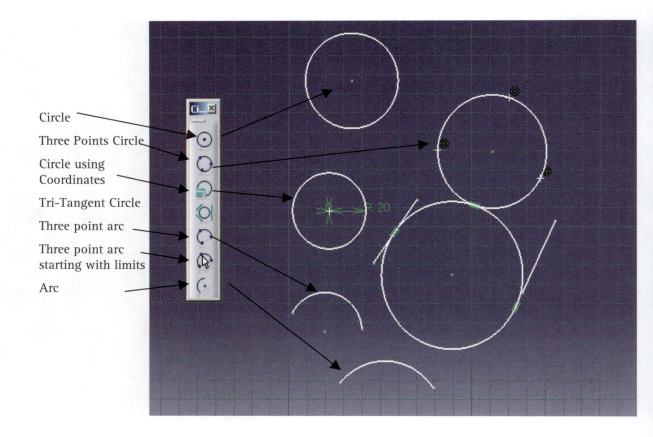

4.6 Spline

Mit dem Arbeitskasten Spline können Verbindungskurven generiert werden.

Über den Befehl 'SPLINE' werden Punkte, die im Skizzierer gesetzt werden, durch eine Kurve 3.Ordnung verbunden.

 Spline

Für jeden Punkt kann durch einen Doppelklick eine Tangentenstetigkeit (Tangency) und eine Krümmung (Curvature Radius) definiert werden.

Die Punkte zur Erstellung des Splines können zuvor über den Befehl Point konstruiert werden, oder sie werden beliebig mit der linken Maustaste gesetzt. Mit einem Doppelklick wird der letzte Punkt eines Splines definiert.

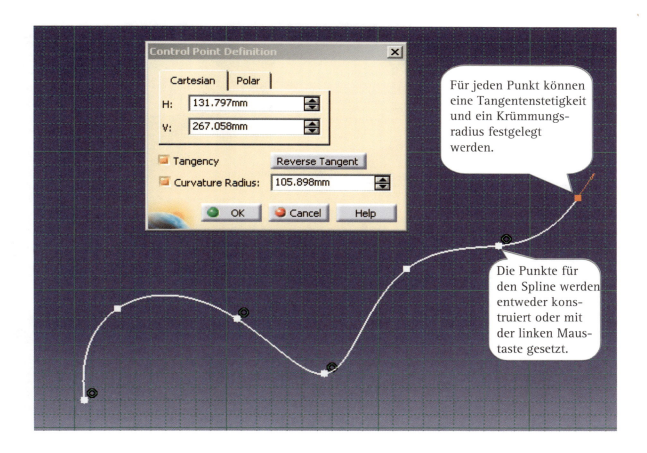

Für jeden Punkt können eine Tangentenstetigkeit und ein Krümmungsradius festgelegt werden.

Die Punkte für den Spline werden entweder konstruiert oder mit der linken Maustaste gesetzt.

Mit dem Befehl 'Connect' können zwei Linien oder Kurven verbunden werden.

 Connect

Dabei kann zwischen mehreren Arten von Verbindungen unterschieden werden:

- Punktstetig (Point)
- Tangentenstetig (Tangency)
- Krümmungsstetig (Curvature)

Der angezeigte Pfeil gibt die Richtung vor, in der die Verbindung erfolgt und kann über die linke Maustaste in seiner Orientierung geändert werden.

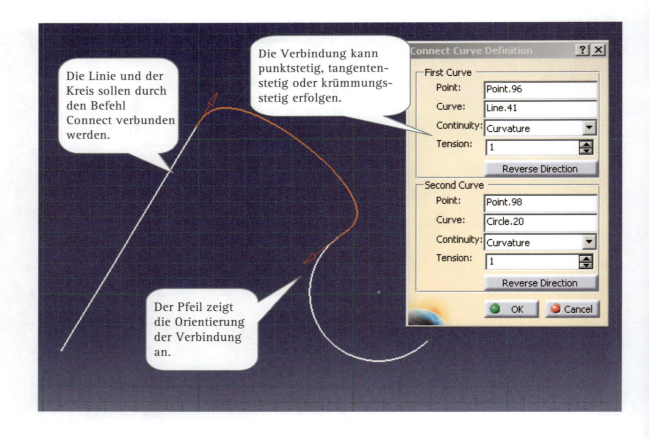

Die Linie und der Kreis sollen durch den Befehl Connect verbunden werden.

Die Verbindung kann punktstetig, tangentenstetig oder krümmungsstetig erfolgen.

Der Pfeil zeigt die Orientierung der Verbindung an.

4.7 Conic

Mit Hilfe dieser Befehlsleiste können die unterschiedlichen Kegelschnittskurven skizziert werden. Dazu gehören die drei Folgenden:

- Ellipse
- Hyperbel
- Parabel

Die Kegelschnitte werden stets über ihre Brennpunkte definiert. Eine Ausnahme stellt nur der Befehl 'CONIC' (freier Kegelschnitt) dar. Dieser freie Kegelschnitt kann über fünf Punkte, vier Punkte und eine Tangente oder zwei Punkte und Tangentenbedingungen bzw. Durchgangspunkte definiert werden.

Die nebenstehende Abbildung zeigt Anwendungsbeispiele für die Kegelschnitte.

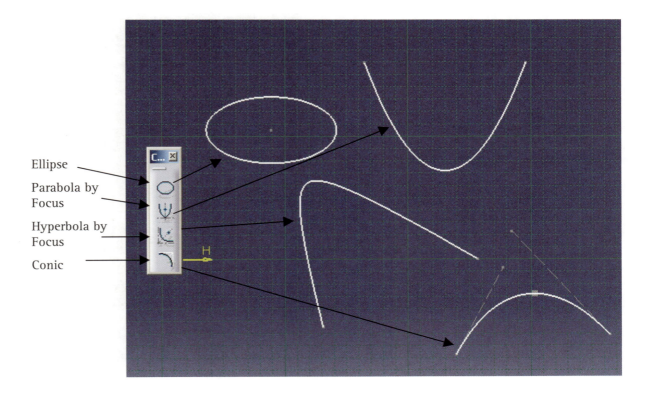

4.8 Line

Diese Befehlsleiste ermöglicht das Skizzieren von Linien auf unterschiedlichste Art.

Im einfachsten Fall ist eine Linie über zwei Punkte definiert. Die Punkte können konstruiert oder gesetzt werden.

Bei einer zweifach tangentialen Linie ist die Selektion zweier Kurven erforderlich.

Bei einer Winkelhalbierenden müssen zwei nicht parallele Linien gewählt werden.

Bei einer Linie normal auf eine Kurve ist zuerst der Startpunkt der Linie und sodann die Kurve einzugeben.

Die angeführte Übersicht soll diesen Sachverhalt verdeutlichen.

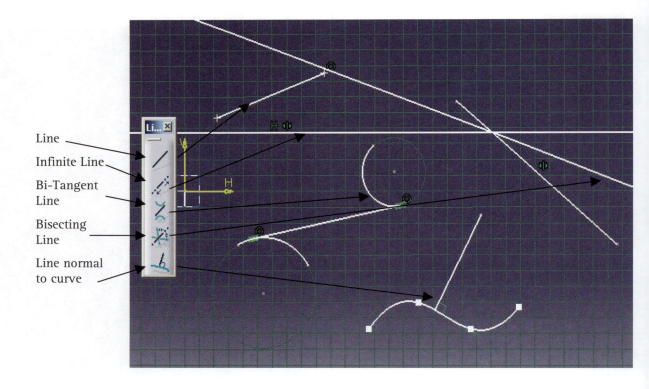

4.9 Axis

Mit dem Befehl 'AXIS' wird die Rotationsachse für einen Drehkörper erstellt.

 AXIS

Falls im Skizzierer eine solche Achse gesetzt wurde, wird diese beim Befehl SHAFT automatisch erkannt (siehe dazu auch Kapitel 6).

4.10 Point

Mit dieser Befehlsleiste können im Skizzierer auf unterschiedliche Art Punkte gesetzt werden. Am häufigsten werden Punkte mit der linken Maustaste gesetzt, oder über ihre Koordinaten eingegeben. Weiters ist es möglich einen Punkt als Schnittpunkt von zwei geometrischen Elementen zu erzeugen, oder ihn über eine Projektion zu erhalten.

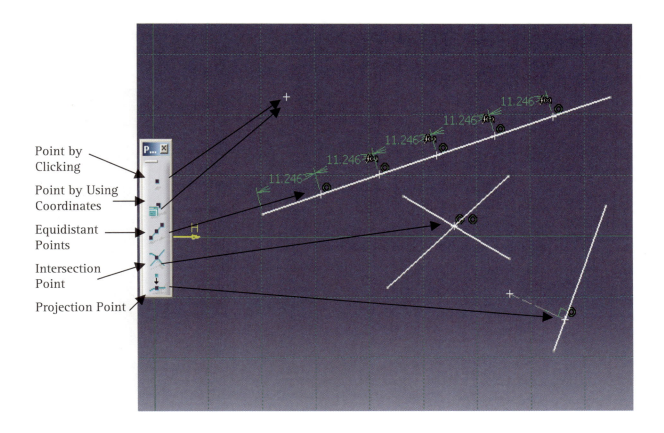

4.11 Operations

Die Symbolleiste 'Operations' stellt dem User Möglichkeiten zur Verfügung, mit denen die erzeugte Geometrie verändert beziehungsweise vervielfältigt werden kann.

Mit dem Befehl CORNER ist es möglich, eine scharfkantige Kontur zu verrunden.

 CORNER

Mit dem Befehl CHAMFER kann eine Fase an einer scharfen Kante erzeugt werden.

 CHAMFER

Für beide Operationen gilt jedoch, dass sie bis auf Ausnahmefälle vermieden werden sollten, da sie zu komplexen Abhängigkeitsketten führen (siehe Kapitel 3).

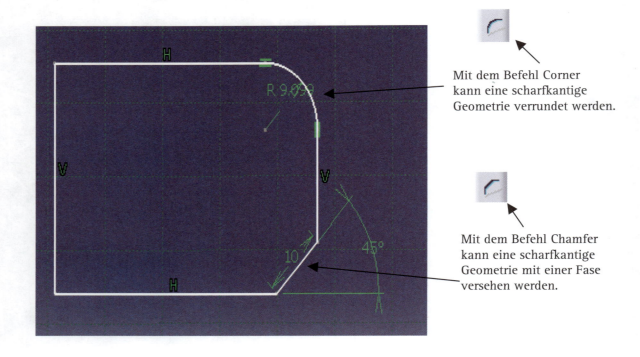

Mit dem Befehl Corner kann eine scharfkantige Geometrie verrundet werden.

Mit dem Befehl Chamfer kann eine scharfkantige Geometrie mit einer Fase versehen werden.

4.12 Relimitations

Mit dieser Befehlsleiste können Elemente der Skizze getrimmt werden. Dazu gehört:

- Stutzen
- Dehnen
- Unterbrechen
- Schließen
- Ergänzen

Das am häufigsten verwendete Icon ist das des Trimmens (Stutzen und Dehnen).

 Trim

Die dabei möglichen Einstellungen und die Vorgangsweise sind der nebenstehenden Abbildung zu entnehmen.

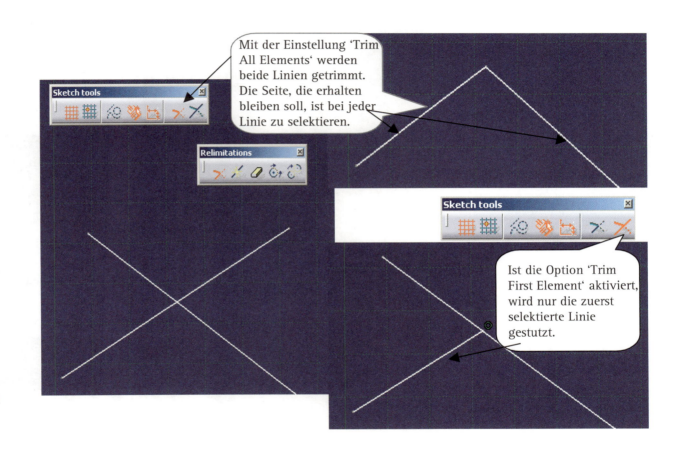

Mit der Einstellung 'Trim All Elements' werden beide Linien getrimmt. Die Seite, die erhalten bleiben soll, ist bei jeder Linie zu selektieren.

Ist die Option 'Trim First Element' aktiviert, wird nur die zuerst selektierte Linie gestutzt.

Mit dem Befehl TRIM kann natürlich auch gedehnt werden.

Auch dabei ist es möglich, beide Elemente zu trimmen (Trim All Elements) oder nur das erste Element zu ändern (Trim First Element).

HINWEIS Mit TRIM ist es auch möglich, eine Kombination aus Stutzen und Dehnen zu erhalten. Vom System wird automatisch diejenige Operation ausgeführt, die zum gewünschten Ergebnis führt.

Beispiele für diesen Sachverhalt finden sich in der angeführten Übersicht.

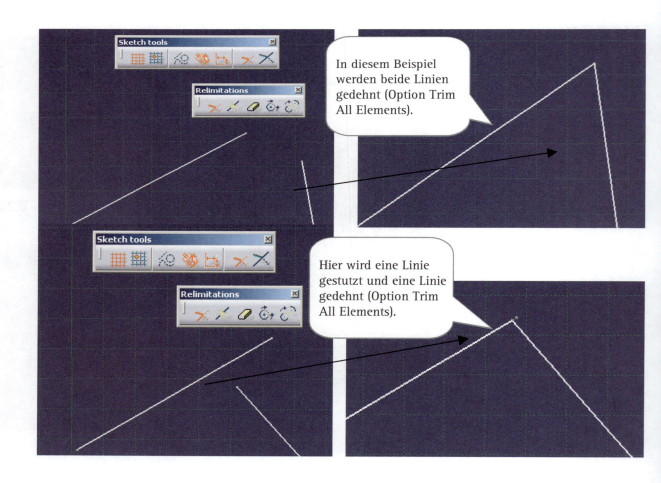

In diesem Beispiel werden beide Linien gedehnt (Option Trim All Elements).

Hier wird eine Linie gestutzt und eine Linie gedehnt (Option Trim All Elements).

4.12 Relimitations

Mit dem Icon 'BREAK' kann ein geometrisches Skizzierelement in mehrere Unterelemente gebrochen werden.

   BREAK

Dieser Befehl wird vor allem dann gebraucht, wenn aus einem geometrischen Element ein Teil heraus gebrochen werden soll. Dies ist mit dem Befehl TRIM nicht durchführbar. Es muss das Element zuvor in drei Teilelemente unterbrochen werden und anschließend wird das mittlere Element gelöscht.

Beispielhaft ist die Vorgangsweise bei einer in die Skizze integrierten Nut für eine Welle dargestellt.

Der mittlere Teil der Linie soll gelöscht werden, um die Kontur der Nut zu erhalten.

Dazu wird die horizontale Linie mit dem Befehl Break in drei Teile gebrochen. Das Element das gebrochen werden soll, ist dabei zuerst zu selektieren, anschließend die vertikale Linie, an der es gebrochen wird.

Abschließend kann nun der mittlere Teil der Linie gelöscht werden, und die zwei vertikalen Linien werden zur Horizontalen getrimmt.

Mit dem Befehl 'QUICKTRIM' ist ein einfaches und schnelles Trimmen von einem Element möglich.

 QUICK TRIM

Mit dem Befehl QUICK TRIM können Elemente allerdings lediglich gestutzt und gebrochen, nicht aber gedehnt werden.

Die möglichen Einstellungen und ihre Auswirkung werden in der angeführten Übersicht veranschaulicht.

 Um möglichst effektiv zu arbeiten, empfiehlt es sich hauptsächlich mit dem Befehl TRIM zu arbeiten.

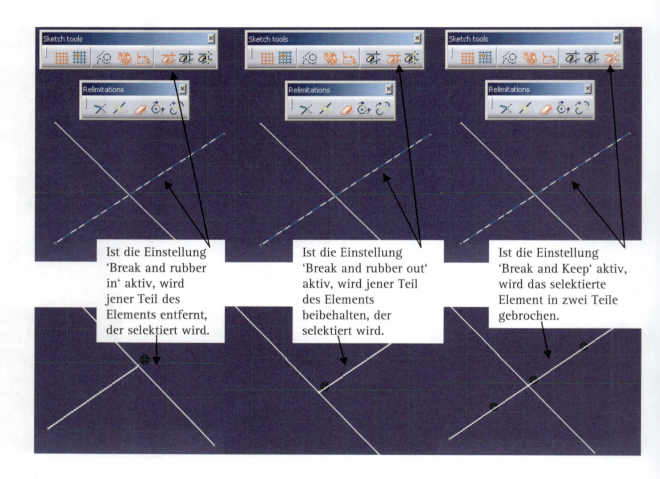

Ist die Einstellung 'Break and rubber in' aktiv, wird jener Teil des Elements entfernt, der selektiert wird.

Ist die Einstellung 'Break and rubber out' aktiv, wird jener Teil des Elements beibehalten, der selektiert wird.

Ist die Einstellung 'Break and Keep' aktiv, wird das selektierte Element in zwei Teile gebrochen.

4.12 Relimitations

Mit dem Icon 'CLOSE' kann ein Kreis- oder Ellipsenbogen zu einem Vollelement geschlossen werden.

CLOSE

Dabei wird das entsprechende Bogenstück selektiert und es entsteht der Vollkreis bzw. die Vollellipse.

Mit dem Befehl 'COMPLEMENT' wird zu einem Kreis- oder Ellipsenbogen das zu einem Vollelement fehlende Stück ergänzt und das ursprüngliche Element gelöscht.

COMPLEMENT

Die Unterschiede in der Anwendung beider zuvor beschriebener Befehle zeigt die angeführte Übersicht.

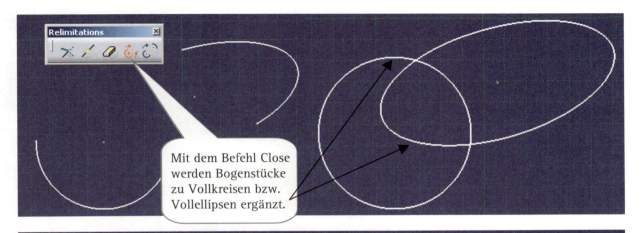

Mit dem Befehl Close werden Bogenstücke zu Vollkreisen bzw. Vollellipsen ergänzt.

Mit dem Befehl Complement wird anstatt des vorhandenen Bogenstückes das fehlende Stück dargestellt.

4.13 Transformation

Mit den Befehlen der Workbench 'Transformation' können Geometrieelemente umgewandelt, vervielfältigt, transformiert, gedreht und skaliert werden.

Das Icon 'MIRROR' erzeugt von jeder beliebigen Kontur eine Spiegelung und behält die Ursprungsgeometrie unverändert bei.

 MIRROR

Als Spiegelungselemente kommen Linien und Ebenen in Frage.

Die geometrische Bedingung, die nach dem Befehl MIRROR gestzt wird, hat folgendes Aussehen:

 Symmetrie (Zeichenbereich)

Symmetrie (Strukturbaum)

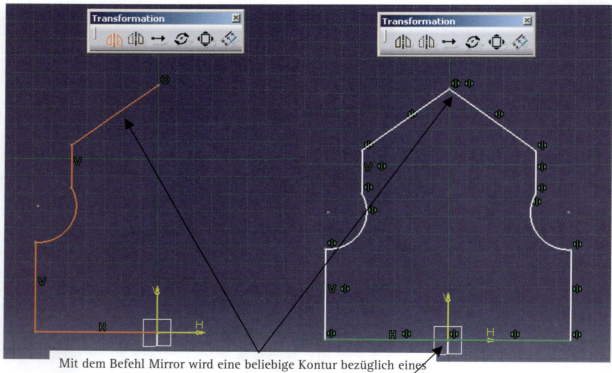

Mit dem Befehl Mirror wird eine beliebige Kontur bezüglich eines Symmetrieelementes gespiegelt und die ursprüngliche Kontur bleibt erhalten. Als Symmetrieelemente können Linien und Ebenen selektiert werden.

4.13 Transformation

Im Unterschied dazu wird mit dem Befehl 'SYMMETRY' eine Kontur lediglich gespiegelt und die Ursprungsgeometrie damit entfernt.

SYMMETRY

Als Spiegelungselemente können wiederum Linien und Ebenen verwendet werden.

Es erfolgt jedoch kein Eintrag der Symmetriebedingung im Strukturbaum unter 'Constraints'. Der ausgeführte Befehl SYMMETRY ist damit im Strukturbaum in keiner Weise nachvollziehbar.

ACHTUNG Ein Widerrufen des Befehls SYMMETRY im Strukturbaum ist nicht möglich. Die ursprüngliche Geometrie erhält man lediglich bei nochmaliger Anwendung des Befehls mit dem gleichen Symmetrieelement.

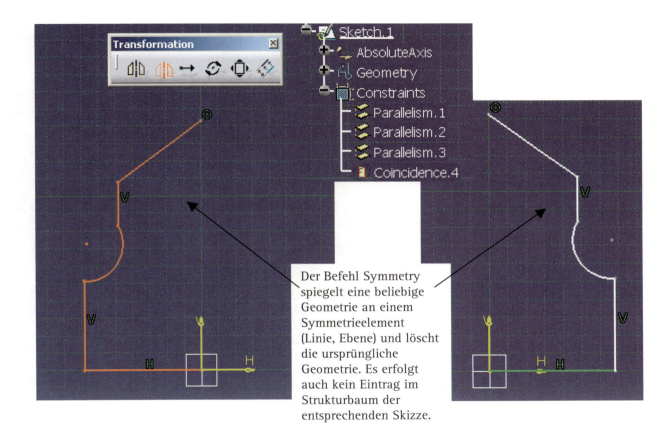

Der Befehl Symmetry spiegelt eine beliebige Geometrie an einem Symmetrieelement (Linie, Ebene) und löscht die ursprüngliche Geometrie. Es erfolgt auch kein Eintrag im Strukturbaum der entsprechenden Skizze.

Mit dem Befehl 'TRANSLATE' kann eine beliebige Geometrie verschoben und kopiert werden.

 TRANSLATE

Dabei ist es möglich, die Anzahl der Exemplare zu wählen sowie die Verschiebung über einen Vektor oder über eine Richtung und einen Value (Abstandswert) festzulegen.

Die geometrischen Bedingungen der ursprünglichen Geometrie können über Aktivierung der Option 'Keep external constraints' beibehalten werden.

Der Befehl 'ROTATE' funktioniert in gleicher Weise, jedoch wird die selektierte Geometrie dabei gedreht.

 ROTATE

Auch hier können die Elemente kopiert werden.

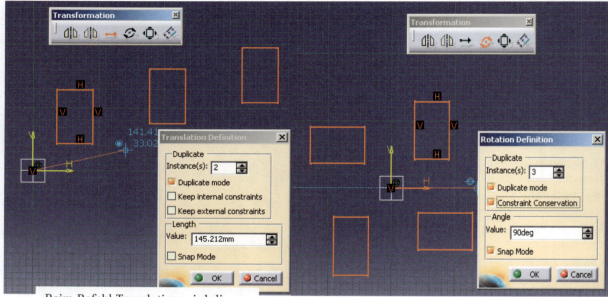

Beim Befehl Translation wird die Anzahl der Exemplare gewählt. Wird die Option 'Duplicate Mode' deaktiviert, erfolgt nur ein Verschieben und kein Kopieren. Die Verschiebung selbst kann über einen Vektor oder eine Richtung und einen Wert definiert werden.

Beim Befehl Rotate ist ein Drehzentrum (Punkt) festzulegen. Über die Option 'Constraint Conservation' können auch hier die Bedingungen mitkopiert werden.

4.13 Transformation

Über das Icon 'SCALE' kann eine geometrische Einheit skaliert werden.

   SCALE

Auch hier ist ein Kopiermodus verfügbar, womit die Ursprungsgeometrie erhalten werden kann.

Mit der Einstellung 'Conservation of Constraints' werden auch die Bedingungen mitkopiert.

Um die Skalierung auszuführen, müssen noch ein Bezugspunkt selektiert und eine Verhältniszahl (Ratio) eingegeben werden. Ist die Zahl größer Eins wird die Geometrie vergrößert, bei einem Verhältnis kleiner Eins erfolgt eine Verkleinerung.

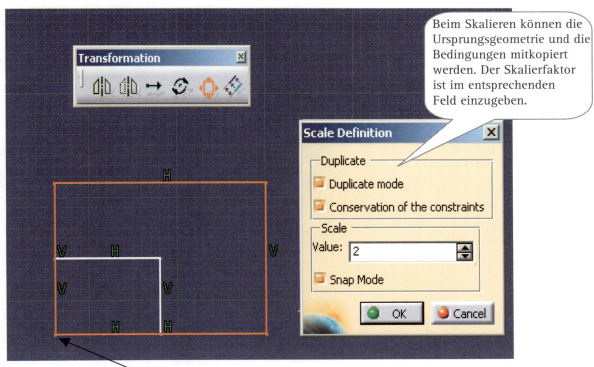

Beim Skalieren können die Ursprungsgeometrie und die Bedingungen mitkopiert werden. Der Skalierfaktor ist im entsprechenden Feld einzugeben.

Der Bezugspunkt der Skalierung ist der linke untere Eckpunkt des Rechtecks.

Mit dem Befehl 'OFFSET' kann zu einer vorhandenen Linie, einem Linienzug oder einer Kurve eine Parallelkurve erzeugt werden.

 OFFSET

Dabei ist das gewünschte Geometrieelement zu selektieren und mit der linken Taste die Richtung, in die der Offset erfolgen soll, zu indizieren. Es wird automatisch ein Abstandsmaß erzeugt, das auf den erforderlichen Wert geändert werden kann.

Mit der Option 'Both Side Offset' kann eine Parallelkurve in beide Richtungen erzeugt werden.

Falls der Radius der Kurve beim ausgeführten Offset zu klein wird, erzeugt das System eine scharfe Kante.

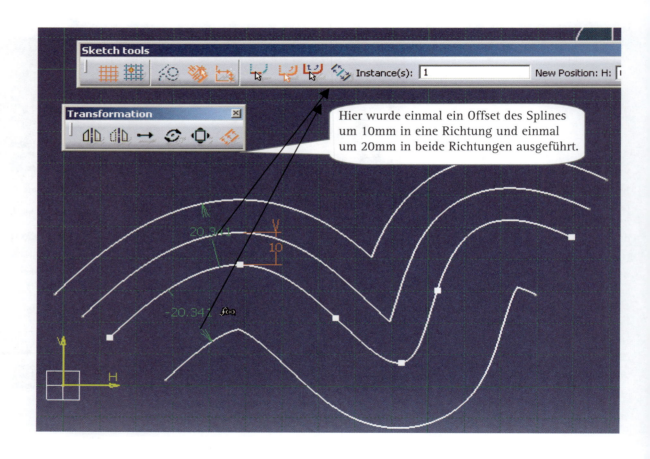

Hier wurde einmal ein Offset des Splines um 10mm in eine Richtung und einmal um 20mm in beide Richtungen ausgeführt.

4.14 Constraint

Mit der Funktionsleiste 'CONSTRAINT' kann eine Skizze mit Bedingungen versehen werden. Dabei kann prinzipiell zwischen geometrischen Bedingungen und Bemaßungsbedingungen unterschieden werden.

Die Workbench zum Anbringen von Bedingungen hat folgendes Aussehen:

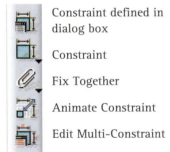

Constraint defined in dialog box
Constraint
Fix Together
Animate Constraint
Edit Multi-Constraint

In der nebenstehenden Übersicht findet sich eine Auflistung der möglichen geometrischen Bedingungen und ihrer Darstellung im Zeichenbereich sowie im Strukturbaum.

Bedingung	Darstellung im Zeichenbereich	Darstellung im Strukturbaum
Horizontal (Horizontal)	H	Parallelism.1
Vertical (Vertikal)	V	Parallelism.3
Parallelism (Parallelität)		Parallelism.8
Perpendicular (Ortogonalität)		Perpendicularity.11
Tangency (Tangentenstigkeit)		Tangency.13
Fix (Fixierung)		Fixed.14
Coincidence (Kongruenz)		Coincidence.16
Equidistand Point		Equidistance.4
Concentricity (Konzentrizität)		Concentricity.17
Symmetry (Symmetrie)		Symmetry.18
Midpoint (Mittelpunkt)		Concentricity.21
Length (Länge)	79.305	Length.23
Distance (Abstand)	54	Offset.25
Angle (Winkel)	17.841°	Angle.27
Radius/Diameter	D 72.668	Radius.28

Grundsätzlich gibt es zwei Möglichkeiten, wie Bedingungen an einer Skizze angebracht werden können:

- Man selektiert das Icon 'CONSTRAINT' und anschließend die gewünschte Geometrie, auf welche die Bedingung angebracht werden soll. Bei Bemaßungen für Länge und Radius/Durchmesser reicht ein geometrisches Element aus. Bei Abstand und Winkel müssen zwei geometrische Elemente selektiert werden. Über einen Aufruf des Kontextmenüs können auch geometrische Bedingungen wie Parallelität, Orthogonalität usw. angebracht werden. Dabei werden jeweils nur die geometrischen Bedingungen im Kontextmenü angezeigt, die unter der getroffenen Auswahl möglich sind.

 CONSTRAINT

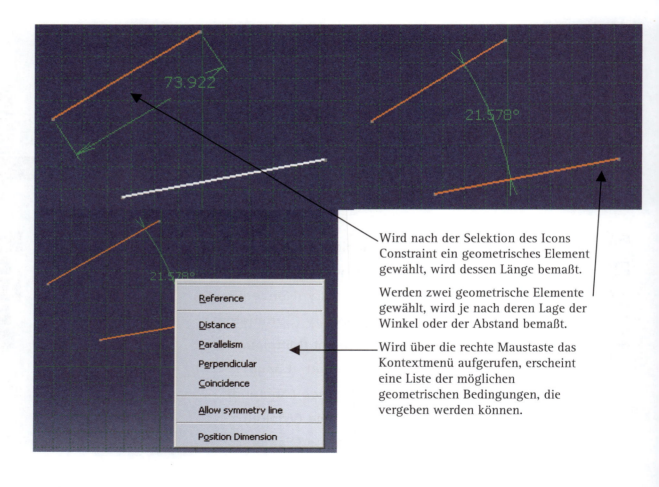

Wird nach der Selektion des Icons Constraint ein geometrisches Element gewählt, wird dessen Länge bemaßt.

Werden zwei geometrische Elemente gewählt, wird je nach deren Lage der Winkel oder der Abstand bemaßt.

Wird über die rechte Maustaste das Kontextmenü aufgerufen, erscheint eine Liste der möglichen geometrischen Bedingungen, die vergeben werden können.

4.14 Constraint

- Es wird zuerst die Geometrie, die mit einer Bedingung versehen werden soll, selektiert. Falls mehrere geometrische Elemente selektiert werden sollen, kann dies über die gedrückte Steuerungstaste erfolgen. Danach wählt man das Icon 'CONSTRAINTS DEFINED IN DIALOG BOX'. Hier sind nur mehr diejenigen Bedingungen wählbar, die aufgrund der markierten Geometrie möglich sind. Nach der Auswahl der gewünschten Bedingung erscheint diese sowohl im Strukturbaum als auch im Zeichenbereich.

 Constraints defined in Dialog Box

Welche Art der Bedingungsvergabe bevorzugt angewendet wird, bleibt dem User überlassen.

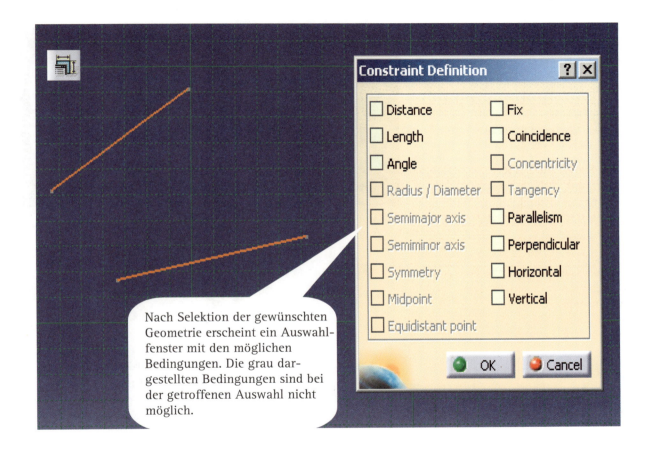

Nach Selektion der gewünschten Geometrie erscheint ein Auswahlfenster mit den möglichen Bedingungen. Die grau dargestellten Bedingungen sind bei der getroffenen Auswahl nicht möglich.

Mit dem Icon 'CONTACT CONSTRAINT' kann direkt eine Tangentenstetigkeitsbedingung vergeben werden.

 CONTACT CONSTRAINT

Nach dem Aufruf des Icons müssen nur noch die beiden Geometrieelemente gewählt werden, die zueinander tangential sein sollen.

Mit dem Icon 'FIX TOGETHER' können zwei Geometrieelemente zusammengefasst werden.

 FIX TOGETHER

Mit dem Icon 'AUTO CONSTRAINT' werden Bedingungen für eine selektierte Geometrie automatisch vergeben.

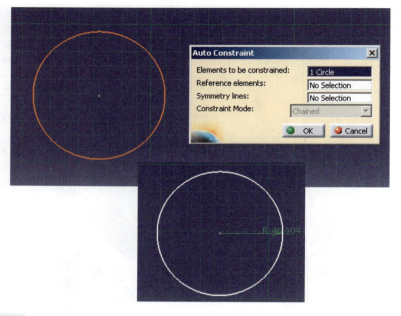

 Auto Constraint

Mit dem Befehl 'Animate Constraint' können Bedingungen innerhalb definierter Grenzen animiert werden.

 ANIMATE CONSTRAINT

Der Arbeitskasten 'Select' ermöglicht die Auswahl von Elementen der Skizzierebene auf unterschiedliche Weise.

Am häufigsten und angenehmsten ist die Selektion über das Icon 'SELECT'.

 SELECT

Dabei können einzelne Elemente gewählt werden und anschließend durch Ziehen bei gedrückter linker Maustaste in ihrer Position verändert werden. Bereits gesetzte Bedingungen werden dabei jedoch eingehalten. Andere Möglichkeiten ein oder mehrere geometrische Elemente zu selektieren sind:

- Selection Trap
- Intersecting Trap
- Polygon Trap
- Paint Stroke Selection
- Outside Trap Selection

4.15 3D-Elemente in Skizze übernehmen

Mit der Funktionsleiste '3D-GEOMETRY' im Arbeitskasten 'Operations' können vorhandene 3D-Elemente in die Skizzierebene übernommen werden.

Damit können 3D-Elemente projiziert oder verschnitten werden. Allen diesen Operationen ist jedoch gemeinsam, dass sie zu komplexen Abhängigkeitsketten führen und daher der Konstruktionsmethodik widersprechen. Sie sollten aus diesem Grund weitgehend vermieden werden.

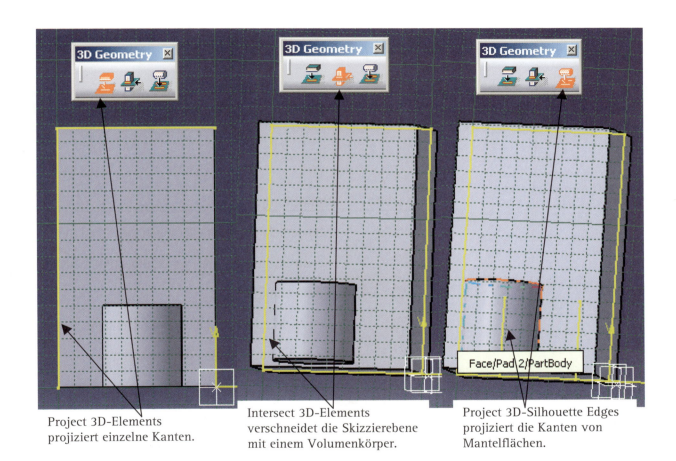

Project 3D-Elements projiziert einzelne Kanten.

Intersect 3D-Elements verschneidet die Skizzierebene mit einem Volumenkörper.

Project 3D-Silhouette Edges projiziert die Kanten von Mantelflächen.

4.16 Farbzuordnung im Sketcher

Um es für den Anwender leicht ersichtlich zu machen, werden die Geometrieelemente je nach Status in unterschiedlichen Farben dargestellt. Ein Element, das gerade selektiert ist, hat die Farbe orange, aber für den Status keine weitere Bedeutung. Weiß dargestellte Elemente besitzen noch Freiheitsgrade und können noch weiter mit Bedingungen versehen werden, bis sie in grüner Farbe dargestellt werden. Ist ein Geometrieelement durch Projektion oder Verschneidung von einer 3D-Geometrie abgeleitet worden, wird es in gelber Farbe dargestellt. Diese Elemente können vom Anwender nicht direkt manipuliert und mit Bedingungen versehen werden. Die Farben violett, rot und braun weisen auf eine fehlerhafte Skizze hin. Violett dargestellte Elemente sind überbestimmt und können durch Löschen von Bedingungen wieder in eindeutig bestimmte Elemente konvertiert werden. Falls die Geometrie inkonsistent ist, wird sie in roter Farbe dargestellt. Elemente, die dabei nicht mehr aktualisiert werden können, erhalten eine braune Farbe.

Die nächste Abbildung zeigt noch einmal die im Skizzierer verwendeten Farben.

Diese Farben können in den Standardeinstellungen auch verändert werden (siehe Kapitel 2).

Farbe	Bedeutung
WEISS	Standardelemente, die noch unterbestimmt sind
GRAU	Konstruktionselemente, die unterbestimmt sind
ORANGE	Selektierte Elemente
GELB	Projizierte oder verschnittene 3D-Elemente
GRÜN	Eindeutig bestimmtes Standarelement
VIOLETT	Überbestimmtes Element
ROT	Inkonsistentes Element
BRAUN	Derzeit nicht berechnetes Element

Falls in einer Skizze violette, rote oder braune Elemente vorhanden sind, kann damit kein Volumenkörper erstellt werden und man erhält eine entsprechende Fehlermeldung.

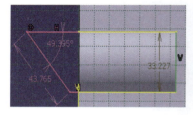

Es sind Skizzen anzustreben, die eindeutig bestimmt, also grün dargestellt sind. Jedoch können auch mit unterbestimmten Skizzierelementen (weiß) sowie mit den gelben Elementen Volumenkörper erstellt werden.

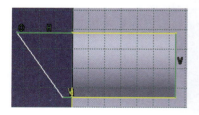

4.17 Skizzenanalyse

Mit dem Werkzeugkasten '2D-ANALYSE' können detaillierte Auswertungen von Skizzen vorgenommen werden.

Mit dem ersten Icon kann schnell der Status der Skizze abgefragt werden. Dieser 'SKETCH SOLVING STATUS' bringt beispielhaft folgendes Ergebnis:

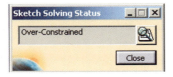

Hier handelt es sich um eine überbestimmte Skizze.

Eine genaue Skizzenanalyse ist mit dem Icon 'SKETCH ANALYSIS' möglich.

 SKETCH ANALYSIS

Dabei werden detailliert alle Statuseigenschaften einer Skizze in drei Fenstern aufgelistet.

Die Kartei 'Geometry' zeigt, aus welchen Elementen die Skizze besteht. Mit den Icons unter 'Corrective Actions' können direkt Eingriffe in die Geometrie vorgenommen werden.

Die Kartei 'Projections/ Intersections' zeigt alle Elemente an, die aus einer 3D-Geometrie abgeleitet wurden. Unter 'Corrective Actions' ist vor allem das Icon 'Isolate' zu erwähnen, mit dem diese Projektionen und Verschneidungen von der 3D-Geometrie unabhängig gemacht werden können.

 Isolate

Damit erhält man kürzere Abhängigkeitsketten.

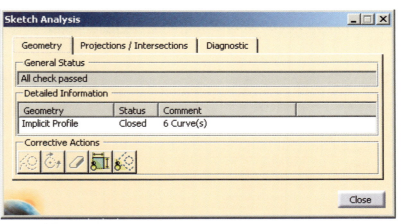

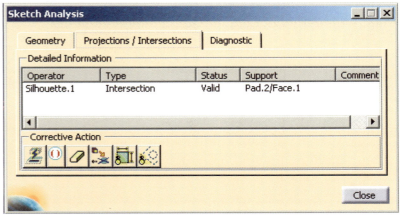

In der dritten Kartei 'Diagnostic' erhält man eine genaue Auflistung der geometrischen Elemente und deren Status. Der Gesamtstatus ist ausschlaggebend dafür, ob eine Skizze zur Erstellung eines Volumenkörpers verwendet werden kann oder nicht.

Dies ist bei folgenden Statusmeldungen möglich:

- Iso-Constrained
- Under-Constrained

Bei der Statusmeldung 'Over-Constrained' ist das Erzeugen eines Volumenkörpers nicht möglich, und es müssen zuvor Bedingungen entfernt werden.

Über die Skizzieranalyse ist es auch möglich nicht geschlossene Profile rasch zu schließen. Ein Beispiel dafür findet sich in der folgenden Abbildung.

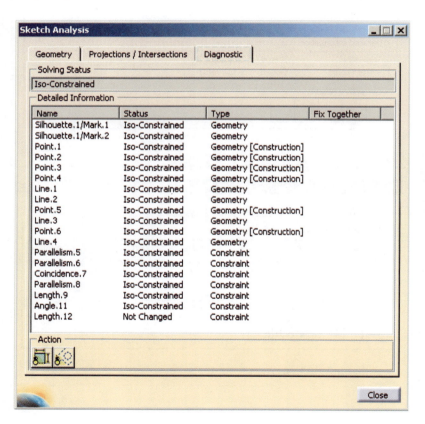

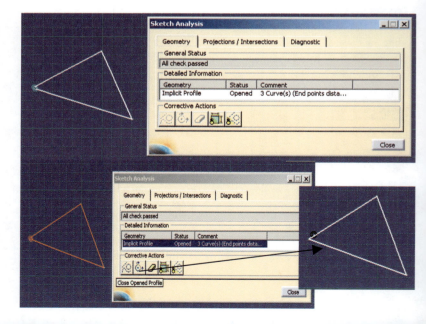

4.18 Ändern der Bezugselemente einer Skizze

4.18 Ändern der Bezugselemente einer Skizze

Ein Bezugselement einer Skizze kann nach dessen Erzeugung geändert werden, indem ein anderes Bezugselement definiert wird. Am häufigsten ist es notwendig, eine Skizze von einer Referenzebene in eine andere zu verschieben. Dabei wird über das Kontextmenü der betreffenden Skizze der Eintrag 'Change Sketch Support' gewählt. Im folgenden Eingabefenster wird unter 'Reference' die neue Skizzierebene selektiert, worauf sämtliche Elemente der Skizze in diese neue Referenzebene verschoben werden.

Die genaue Vorgangsweise findet sich in der angeführten Übersicht.

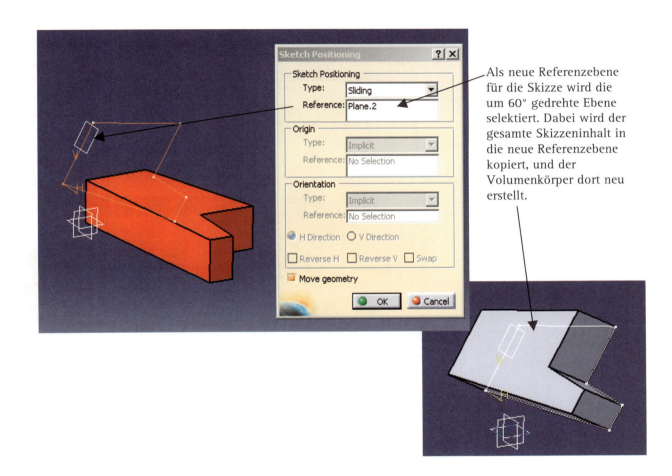

Als neue Referenzebene für die Skizze wird die um 60° gedrehte Ebene selektiert. Dabei wird der gesamte Skizzeninhalt in die neue Referenzebene kopiert, und der Volumenkörper dort neu erstellt.

Eine sehr häufig auftretende Fehlermeldung basiert darauf, dass während des Konstruktionsprozesses ein Volumenkörper oder eine Drahtgeometrie geändert werden und damit die Bezugselemente für eine Skizze verloren gehen oder nicht mehr zugeordnet werden können. Es reicht bereits aus, wenn die interne Bezeichnung für das Bezugselement neu vergeben wurde, um diesen Fehler zu erhalten.

Das Problem kann gelöst werden, indem die Skizze editiert und das Bezugselement neu definiert wird. Als Alternative kann die Skizze auch isoliert werden, wodurch alle Bezugselemente gelöscht werden und damit die Fehlermeldung behoben ist.

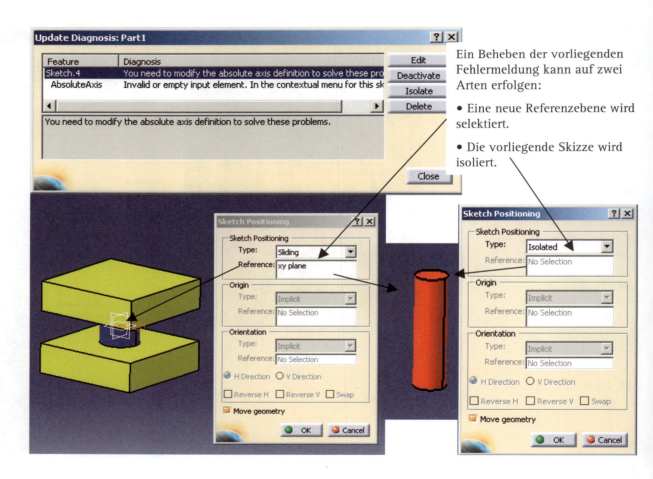

Ein Beheben der vorliegenden Fehlermeldung kann auf zwei Arten erfolgen:

- Eine neue Referenzebene wird selektiert.
- Die vorliegende Skizze wird isoliert.

4.19 Weitere wichtige Icons beim Skizzieren

Hier werden noch einige wichtige Funktionen des Skizzierers beschrieben.

Mit dem Icon 'CUT PART BY SKETCH PLANE' aus der Funktionsleiste 'Visualization' kann ein Volumenkörper mit der Skizzierebene geschnitten werden.

 CUT PART BY SKETCH PLANE

Der Schnitt wird lediglich visualisiert und dient zur besseren Übersichtlichkeit, jedoch hat er keine Auswirkung auf die Geometrie.

Mit dem Icon 'NORMAL VIEW' aus der Standardfunktionsleiste kann eine Parallelprojektion der Skizzierebene dargestellt werden.

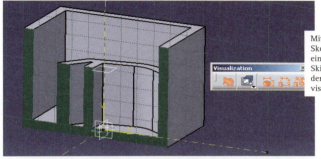

Mit ‚'Cut Part by Sketch Plane' kann ein Schnitt der Skizzierebene mit dem Volumenkörper visualisiert werden.

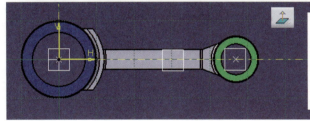

Mit ‚'Normal view' kann eine Parallelprojektion der Skizzierebene dargestellt werden. Ein nochmaliger Aufruf des Icons bewirkt eine Drehung um 180°.

 NORMAL VIEW

Mit dem Icon 'EXIT WORKBENCH' in der Skizzierumgebung wird die aktuelle Skizze beendet.

 EXIT WORKBENCH

Damit wechselt das System automatisch zurück in die Arbeitsumgebung Part Design und die Skizze wird im Strukturbaum hinterlegt.

Um dieselbe Skizze wieder zu bearbeiten, markiert man sie im Strukturbaum und ruft den Befehl SKETCHER auf. Es ist auch möglich, die Skizze im Strukturbaum doppelt anzuklicken.

ACHTUNG Eine Auswahl derselben Bezugsebene, in der skizziert wurde, und anschließend des Befehls SKETCHER, bewirkt, dass eine neue Skizze in dieser Ebene angelegt wird.

5 Einstiegsbeispiel Part Design

5.1 Startmodell öffnen

Beginnen sollte man eine Neukonstruktion stets mit dem Öffnen eines Startmodells, in dem schon wichtige Voreinstellungen getroffen sind, um ein dreidimensionales Modell korrekt aufzubauen. Die angeführte Abbildung zeigt das Modell '*Startmodell.CATPart*'.

Die Standardreferenzen setzen sich aus dem Ursprung sowie den drei Achsen zusammen und sollten immer unverändert bleiben.

Der geöffnete Körper Steuergeometrie beinhaltet die für die jeweilige Konstruktion notwendige Drahtgittergeometrie, mit der ein mathematisch sehr stabiler Aufbau ermöglicht wird. Im ersten Schritt wird nun diese Geometrie erstellt.

5.2 Steuergeometrie

Für das vorliegende Pleuel, bei dem sowohl der Steg als auch das kleine Pleuelauge einen Offset bezüglich des großen Auges aufweist, sind die entsprechenden Bezugsebenen zu erzeugen. Dies geschieht mit dem Icon 'Plane'.

 Plane

Folgende Einstellungen sind anschließend zu treffen:

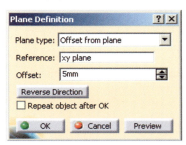

Damit erhält man eine Parallelebene zur xy-Ebene, die über den Aufruf des Kontextmenüs durch die rechte Maustaste und anschließend durch Auswahl von 'Properties' sowie 'Feature Properties' in 'Bezugsebene Pleuelsteg' umbenannt wird.

5.3 Parameter definieren

Anschließend ist es natürlich noch notwendig, diese Bezugsebene mit einem Parameter zu steuern und damit parametrisierbar zu machen. Zuerst definiert man die entsprechenden Parameter mit dem Icon 'Formula'.

Im folgenden Eingabefenster ist zuerst die entsprechende Parameterart zu wählen:

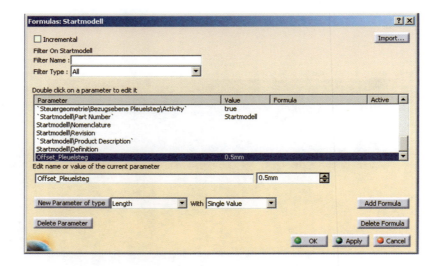

Unter 'New Parameter of type' ist 'Length' zu selektieren und mit 'Single Value' einzustellen.

Danach ist in der Zeile oberhalb der automatisch vergebene Name zu markieren und in Offset_Pleuelsteg umzubenennen. Bei der Benennung sollten Sonderzeichen möglichst vermieden werden.

Auf die gleiche Weise definiert man auch den Parameter 'Offset_kleines_Pleuelauge', der später benötigt wird.

Nun ist es noch notwendig, den Parameter dem gewünschten Element zuzuordnen. Dazu ruft man mit einem Doppelklick im Strukturbaum die Definition der 'Bezugsebene_Pleuelsteg' erneut auf. Im Eingabefeld für den Offset ruft man über einen Klick

der rechten Maustaste den Eintrag 'Edit Formula' auf. Nun kann im Strukturbaum der entsprechende Parameter selektiert und damit zugeordnet werden.

Am besten überprüft man anschließend sofort, ob diese Zuordnung auch erfolgreich war. Dies geschieht durch einen Doppelklick auf den Parameter 'Offset_Pleuelsteg'. Ändert man den Wert, muss bei korrekter Zuordnung auch die Bezugsebene in die neue Position springen.

Damit ist nunmehr die Steuergeometrie vollständig parametrisierbar.

In gleicher Weise legt man nun noch die 'Bezugsebene_kleines_Pleuelauge' an. Nachdem der dazu notwendige Parameter bereits definiert wurde, kann er

5.4 Prinzip der Zerlegung

sofort bei der Erstellung wiederum durch Aufruf von 'Edit formula' im Offset-Feld, zugeordnet werden.

Als letztes Element der Steuergeometrie empfiehlt es sich, den Mittelpunkt des kleinen Pleuelauges zu erzeugen. Dazu benötigt man einen weiteren Längenparameter, nämlich den Achsabstand, in diesem Fall als 'Stichmaß' bezeichnet.

Der Mittelpunkt des kleinen Auges wird über den Befehl Punkt und 'Coordinates' erzeugt.

Dabei wird der X-Koordinate der zuvor definierte Parameter Stichmaß zugeordnet.

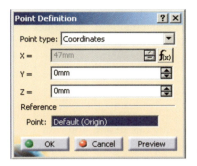

Damit ist die Erzeugung der Steuergeometrie vollständig und es kann nun mit der Erzeugung der Volumskörper begonnen werden.

5.4 Prinzip der Zerlegung

Dabei wird nach dem Prinzip der Zerlegung vorgegangen. Die Konstruktion sollte aus möglichst einfachen Grundkörpern aufgebaut werden, die in ihrer Summe das Gesamtobjekt ergeben. Dabei sollten komplexe Skizzen vermieden werden. Vielmehr sollten solche komplexe Skizzen in mehrere einfache Skizzen aufgeteilt werden. Dies erhöht in einem entscheidenden Maß die mathematische Stabilität der Konstruktion. Als Bezugsebenen für die Skizzen sollten immer nur Elemente der Standardgeometrie (xy-Ebene, yz-Ebene und zx-Ebene) bzw. der Steuergeometrie verwendet werden. Damit ergeben sich kurze Abhängigkeitsketten und in weiterer Folge mathematisch stabile und änderungsfreundliche Modelle.

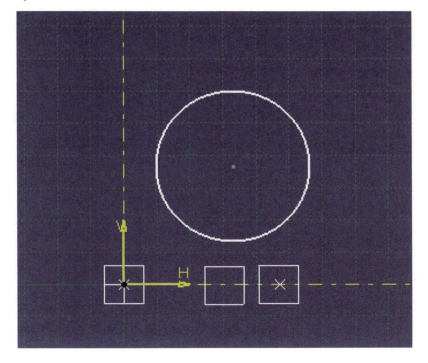

Definieren Sie nun über das Kontextmenü sowie über 'Define in Work Object' den Body.1 als aktiven Körper. Dann selektieren Sie die xy-Ebene un rufen den Skizzierer auf. Skizzieren Sie hier mit dem Icon ‚Circle' einen geschlossenen Kreis in allgemeiner Lage. Mit Hilfe der Randbedingungen kann dieser Kreis entsprechend positioniert werden.

 Constraint

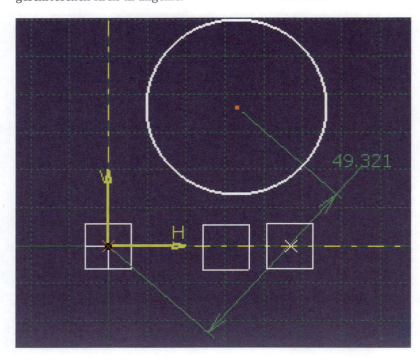

Dabei selektieren Sie den grau dargestellten Mittelpunkt des Kreises sowie den Ursprungspunkt.

Bevor Sie das entsprechende Abstandsmaß setzen, rufen Sie über die rechte Maustaste das Kontextmenü auf, und wählen dort den Eintrag 'Coincidence'. Dies hat zur Folge, dass nunmehr der Kreismittelpunkt und der Ursprung immer zusammenfallen.

Um auch den Außendurchmesser des großen Pleulauges über einen Parameter steuern zu können, definieren Sie einen weiteren Parameter des Typs 'Length' , benennen ihn 'Aussendurchmesser_großes_ Pleuelauge' und ordnen ihm den Wert von 20mm zu.

Dieser Parameter wird nun noch mit dem Maß für den Durchmesser verknüpft. Bei einem Durchmesser kann über einen Doppelklick auf den Maßeintrag keine Formel zugeordnet werden.

Daher ruft man nach Positionierung auf das entsprechende Maß mit der rechten Maustaste das Kontextmenü auf und wählt dort 'Object.Radius' und ‚Edit Formula'.

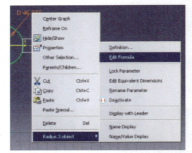

Da man nun die Formelbeziehung für einen Radius eingeben muss, ist es notwendig den Parameter 'Aussendurchmesser_grosses_ Pleuelauge' durch zwei zu dividieren.

Die damit vollständige Skizze hat folgendes Aussehen:

5.4 Prinzip der Zerlegung

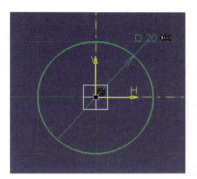

Sie können nun die Skizzierumgebung mit folgendem Icon verlassen:

  Exit Workbench

Im nächsten Schritt kann der erste Volumenkörper, nämlich das große Pleuelauge konstruiert werden. Rufen Sie das Icon 'Pad' auf.

  Pad

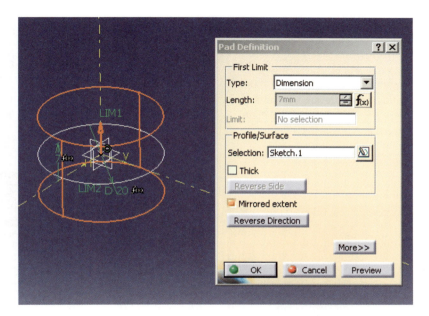

Im folgenden Eingabefenster selektieren Sie bei 'Selection' die zuvor erstellte Skizze. Definieren Sie einen weiteren Längenparameter 'Hoehe_grosses_Pleuelauge' mit einem Wert von 14mm. Dieser Parameter wird im Eingabefeld 'Length' zugewiesen, wobei er jedoch halbiert wird, da zusätzlich die Einstellung 'Mirrored extent' eine gespiegelte Ausdehnung bezüglich der jeweiligen Skizzierebene mit sich bringt. Damit ist die Konstruktion des ersten Volumenkörpers abgeschlossen, es empfiehlt sich allerdings noch, den erzeugten Körper im Strukturbaum entsprechend zu benennen. Dies erhöht wiederum die Übersichtlichkeit eines Modells und erleichtert nachträgliche Änderungen. Vergeben Sie in diesem Fall den Namen 'Grosses_Pleuelauge' nach Aufruf des Kontextmenüs und Auswahl von 'Properties' in der Kartei 'Feature Properties'.

Um die weiteren Teilkörper des Pleuels ebenfalls parametrisierbar aufzubauen, definieren Sie weitere Längenparameter mit folgenden Werten:

- Aussendurchmesser_kleines_Auge=12mm
- Hoehe_kleines_Auge=12mm
- Pleuelbreite=5mm
- Pleuelhoehe=5mm
- Hoehe_Anbindung_grAuge=7mm
- Hoehe_Anbindung_klAuge=7.2mm
- Innendurchmesser_grAuge_roh=13.5mm
- Innendurchmesser_klAuge_roh=7.6mm

In gleicher Weise wie das große Pleuelauge wird im nächsten Schritt das kleine Pleuelauge konstruiert. Die dabei verwendete Skizzierebene ist die 'Bezugsebene_kleines_Auge'. Der Mittelpunkt des Kreises wird kongruent zum 'Mittelpunkt kleines_Auge' gesetzt.

Dem Durchmesser (Radius) wird wiederum über den Aufruf des Formeleditors der Wert 'Aussendurchmesser_kleines_Auge / 2' zugewiesen. Die Skizze ist damit eindeutig bestimmt, was an der Darstellung in grüner Farbe zu erkennen ist. Der Skizzierer kann mit dem entsprechenden Icon verlassen werden.

Der Volumenkörper wird über den Befehl 'Pad' in gleicher Weise wie zuvor beschrieben konstruiert. Dem kleinen Pleuelauge wird dabei die Höhe über den entsprechenden Parameter zugewiesen. Im Strukturbaum sollte der Körper in 'Kleines_Pleulauge' umbenannt werden.

Damit hat der Strukturbaum nun folgendes Aussehen:

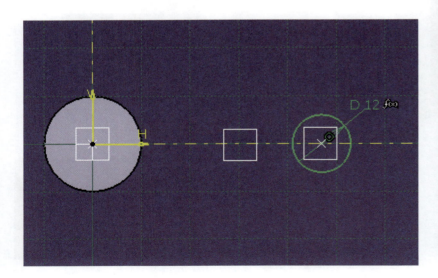

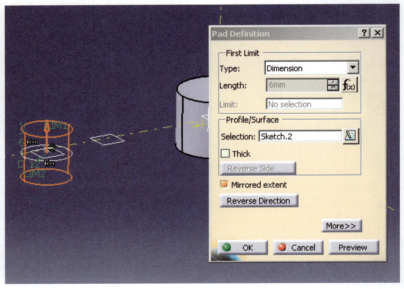

5.4 Prinzip der Zerlegung

Der Pleuelsteg wird in der 'Bezugsebene_Pleuelsteg' konstruiert. In einem ersten Schritt wird ein Rechteck in allgemeiner Lage skizziert. Dieses Rechteck wird über den Befehl 'Constraint' symmetrisch zur x-Achse gesetzt.

Über das Kontextmenü wird nach der Selektion der horizontalen Linien des Rechtecks der Eintrag 'Allow symmetry line' gewählt, worauf anschließend die x-Achse als Symmetrielinie bestimmt wird. Die vertikalen Linien des Rechtecks sind jeweils mit den Mittelpunkten der Pleuelaugen kongruent zu setzen. Der Breite des Rechtecks wird abschließend noch der Parameter 'Pleuelbreite' zugewiesen. Damit hat die Skizze folgendes Aussehen:

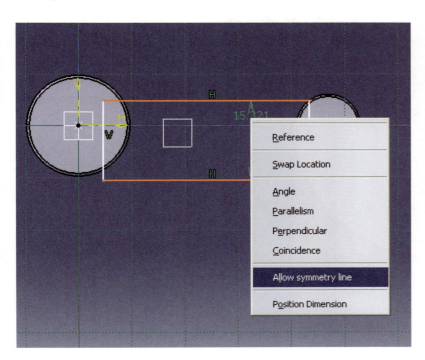

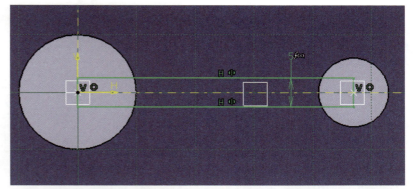

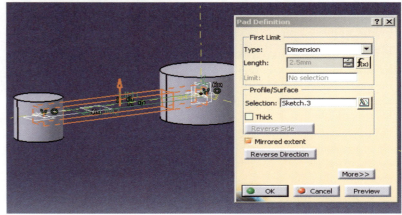

Nach Verlassen des Skizzierers wird wiederum ein prismatischer Volumenkörper konstruiert, dem als Höhe der Parameter 'Pleuelhoehe /2' sowie gespiegelte Ausdehnung zugewiesen wird.

Im Strukturbaum wird dieser Körper als 'Pleuelsteg' benannt.

Nun sind noch die Anbindungen ans große sowie ans kleine Pleuelauge auszuführen. Die Anbindung ans große Auge wird in der Bezugsebene Pleuelsteg skizziert. Am schnellsten ist diese Skizze über den Befehl 'Profile' zu erstellen.

 Profile

Beginnen Sie mit einer vertikalen Linie in beliebiger Lage, an die eine horizontale Linie anschließt. Dann rufen Sie aus der Sketch-Tools-Leiste den 'Three Point Arc' auf und skizzieren einen Kreisbogen. Das Profil wird schließlich mit einer horizontalen Linie zum Anfangspunkt geschlossen.

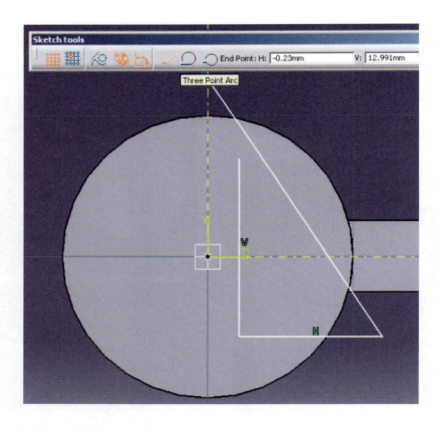

Anschließend ist diese Skizze wiederum mit Bedingungen zu versehen. Die vertikale Linie wird mit der y-Achse kongruent gesetzt, die zwei horizontalen Linien liegen symmetrisch zur x-Achse und der Mittelpunkt des Kreisbogens liegt im Ursprung.

Den Abstand der beiden vertikalen Linien legen Sie über eine Funktion fest:

Der Wert wird über folgenden Zusammenhang festgelegt:

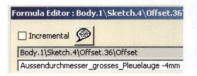

5.4 Prinzip der Zerlegung

HINWEIS In Formelbeziehungen ist hinter numerischen Werten stets mm einzugeben, da diese Werte sonst als Meter interpretiert werden.

Der Radius des Kreisbogens wird über folgende Formel definiert:

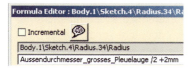

Nun ist die Skizze wiederum eindeutig definiert und die Skizzierumgebung kann verlassen werden.

Der Volumenkörper kann nun wieder über das Icon 'Pad' erzeugt werden. Die Höhe der Anbindung kann über eine Formel gesteuert werden:

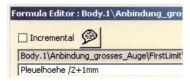

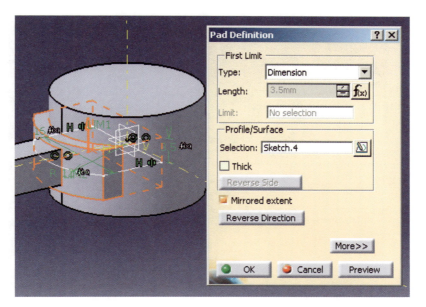

Im Strukturbaum wird der Name 'Anbindung_grosses_Auge' gewählt.

Die Anbindung ans kleine Pleuelauge wird ebenfalls in der Bezugsebene Pleuelsteg konstruiert.

Auch hier ist es am effektivsten, mit dem Befehl 'Profile' zu arbeiten. Die Skizze besteht aus drei Linien, zwei davon vertikal und der Startpunkt jeweils kongruent mit der x-Achse. Der Winkel ist mit 110° festgelegt und die geneigte Linie beginnt genau an der Seitenfläche des Pleuelstegs. Der Abstand der ersten vertikalen Linie ist mit dem Radius des kleinen Pleuelauges +3mm festzulegen. Die zweite Vertikale hat 2mm Abstand zum Mittelpunkt des kleinen Auges.

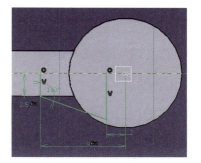

Nach der Festlegung dieser Werte muss die Skizze nun noch um die x-Achse gespiegelt werden.

Dabei sind zunächst die drei Linien, die gespiegelt werden sollen, über eine Mehrfachselektion- dies ist mit gedrückter Steuerungs-Taste möglich- auszuwählen. Darauf ist das Icon für die Spiegelung aufzurufen:

Mirror

Als Geometrieelement für die Spiegelung ist die x-Achse zu selektieren.

Damit ergibt sich folgende eindeutig bestimmte Skizze:

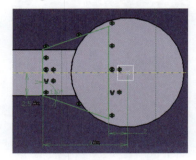

Der Volumenkörper wird wiederum als Block erzeugt, wobei die Höhe über folgende Formel gesteuert wird:

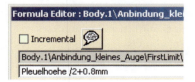

Der abzuarbeitende Dialog stellt sich wie folgt dar:

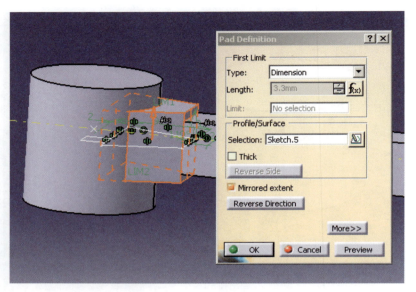

Im Strukturbaum wird dieser Körper 'Anbindung_kleines_Auge' benannt.

Da bereits beim Rohteil- in diesem Fall handelt es sich um ein Sinterteil- Ausnehmungen für das große und kleine Auge mitgesintert werden, müssen nun noch diese Abzugskörper erzeugt werden.

Als Skizzierebene kann dabei wieder die xy-Ebene definiert werden.

Es ist auch möglich beide Abzugskörper mit einer Skizze zu erhalten. Dazu sind in der Skizze zwei Kreise zu zeichnen, die mit den jeweiligen Mittelpunkten des großen bzw. kleinen Auges kongruent gesetzt werden. Die Durchmesser werden über Formeln mit den beiden Parametern 'Innendurchmesser_roh' verknüpft.

Die Skizze ist damit eindeutig bestimmt, womit die Skizzierumgebung verlassen werden kann.

Um dann die entsprechenden Abzugskörper zu erhalten, wird mit dem Icon 'Pocket' gearbeitet.

 Pocket

Dieses Icon führt dazu, dass automatisch ein prismatischer Körper erzeugt wird, der von der vorhandenen Konstruktion abgezogen wird. Das gleiche Ergebnis erhält man auch über einen Positivkörper und die anschließende Boolsche Operation Subtraktion.

5.4 Prinzip der Zerlegung

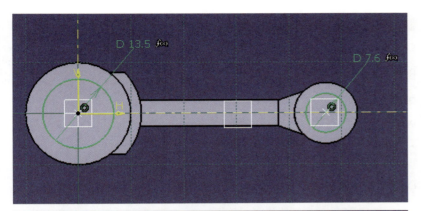

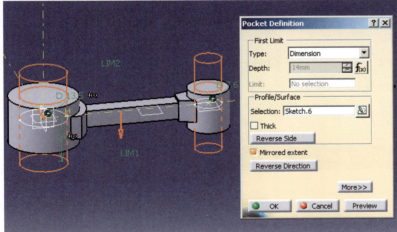

Die Tiefe der Tasche wird über den Parameter 'Hoehe_ grosses_Pleuelauge' für beide Ausnehmungen festgelegt. Über die zusätzliche Einstellung 'Mirrored extent' wird in jedem Fall eine saubere Verschneidung erreicht. Bei Abzugskörpern sollte immer darauf geachtet werden, dass sich eindeutige Überschneidungen ergeben, da Negativkörper, die genau nur bis zur Begrenzungsfläche definiert sind, mathematisch weniger stabil sind.

Damit ist der Sinterrohteil, zusammengesetzt aus mehreren einfachen Volumenkörpern (Prinzip der Zerlegung) nunmehr konstruiert. Es empfiehlt sich im Strukturbaum dem 'Body.1' den Namen 'Sinterrohteil' zu geben. Anschließend wird der Sinterrohteil über die Boolesche Operation 'Assemble' mit dem 'Part Body' zusammengebaut.

 Assemble

Dazu wird der Sinterrohteil im Strukturbaum markiert und das oben dargestellte Icon aufgerufen.

Der Strukturbaum hat damit folgendes, klar strukturiertes Aussehen:

5.5 Abhängigkeitsketten

Die Abhängigkeitskette eines Geometrieelementes legt fest, wie stabil das Element definiert ist. Generell gilt, dass eine kurze Abhängigkeitskette mit wenigen Elementen die mathematische Stabilität eines Elementes erhöht.

Ein Volumenkörper wird durch eine oder mehrere Skizzen oder Flächen definiert, seiner sogenannten Elterngeometrie. Aus der Elterngeometrie und den Parametern des Volumenkörpers berechnet Catia dessen Hüllgeometrie.

Der oben beschriebene Sachverhalt wurde im Kapitel 2 genau beschrieben, nun ist es an der Zeit die Abhängigkeitsketten für das vorliegende Modell zu überprüfen.

Dazu wird beim entsprechenden Volumenkörper das Kontextmenü aufgerufen und der Eintrag 'Parents/Children' selektiert.

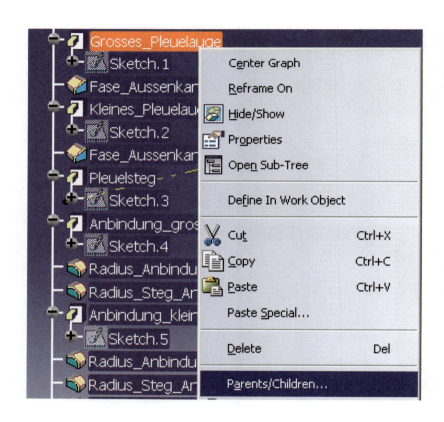

Damit erhält man folgende Abhängigkeiten:

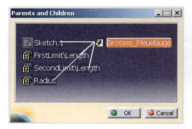

Ein weiterer Aufruf der Elterngeometrie für 'Sketch.1' bringt die gesamte Abhängigkeitskette.

Es ist ersichtlich, dass das große Pleuelauge nur von expliziter Geometrie (Elemente der Standardreferenzen und der Steuergeometrie) abhängig ist. Eine solche Abhängigkeitskette zeichnet sich durch die höchste mögliche mathematische Stabilität aus.

5.6 Detaillierung

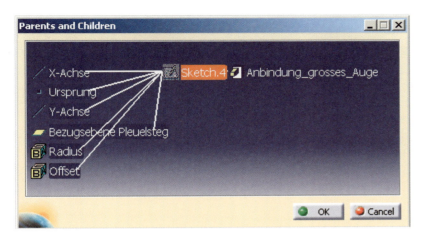

Der Grund dafür ist, dass der Beginn der Abhängigkeitskette eines Volumenkörpers in der Regel eine Skizze ist, da die meisten Flächen wiederum eine Skizze als Eingangselement besitzen. Eine Skizze, die auf einem Ursprungselement oder einer Steuergeometrie basiert, ist sehr stabil, wenn keine Bezüge auf andere Geometrieelemente definiert sind.

Ein ähnliches Bild zeigen auch die Abhängigkeitsketten der anderen Volumenkörper des Sinterrohteils. Dargestellt ist die Abhängigkeitskette der Anbindung ans große Pleuelauge:

Es ist ersichtlich, dass auch in diesem Fall lediglich explizite Geometrie in der Elterngeometrie aufscheint.

Auch für alle weiteren Volumenkörper des Sinterrohteils findet sich in der Abhängigkeitskette nur explizite Geometrie.

Im nächsten Schritt folgt die Detaillierung des Sinterrohteils durch Operationen wie Verrundung und Fase. Dabei ist nach dem Prinzip der Operationen (siehe Kapitel 2) vorzugehen. Das Prinzip der Operation legt fest, dass bei der Detaillierung eines Volumenkörpers eine Operation Vorrang vor anderen geometrischen Einflussgrößen besitzt. Geometrische Einflussgrößen sind hierbei die Art eines Volumenkörpers oder dessen Parameter. Der Grund ist in der Änderungsfreundlichkeit und mathematischen Stabilität eines Volumenmodells zu suchen. Eine Operation kann zum einen einfach modifiziert, ergänzt oder entfernt werden, zum anderen befindet sich eine Operation im Abhängigkeitsnetz eines Volumenmodells hinter einem Volumenkörper. Dadurch sind in der Regel weniger Elemente des Abhängigkeitsnetzes im Fall einer Änderung betroffen, als dies der Fall wäre, wenn die geometrische Gestalt des Volumenkörpers schon durch dessen Eingangsparameter realisiert worden wäre.

Im Weiteren sollten Verrundungen und Fasen nicht in einer Kontur angebracht werden, sondern als Operation am Volumenkörper. Jedes Element einer Kontur erzeugt eine zusätzliche Abhängigkeitskette im Abhängigkeitsnetz eines Volumenmodells und diese Abhängigkeitsketten sollten so kurz als möglich gehalten werden.

Im Strukturbaum sollte das Prinzip der Frühzeitigkeit eingehalten werden. Das Prinzip der Frühzeitigkeit beschreibt, an welcher Stelle im Konstruktionsbaum eine Verrundung oder Fase positioniert wird. Generell gilt, je weiter oben im Konstruktionsbaum eine Verrundung oder Fase steht, desto stabiler ist ihre Definition.

Über den Befehl 'Define In Work Object' kann eine Verrundung oder Fase auch nachträglich an einer geometrisch optimalen Stelle angebracht werden.

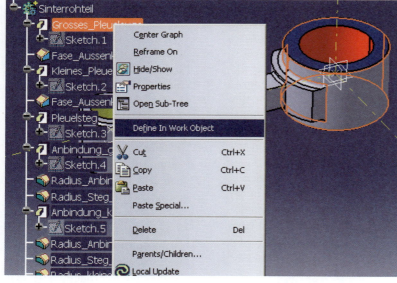

Die Fasen an den Aussenkanten des großen Pleuelauges betragen 0,5x45°.

Verwenden Sie dazu das Icon 'CHAMFER':

 CHAMFER

Im folgenden Eingabedialog sind die gewünschten Kanten zu selektieren und die Werte für 'Length' und 'Angle' einzugeben.

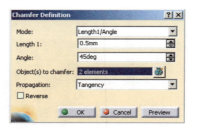

Die Fase wird dann an entsprechender Stelle im Strukturbaum eingefügt und sollte noch umbenannt werden.

Auf gleiche Weise sind die Fasen der Aussenkanten am kleinen Pleuelauge anzubringen.

Die Abhängigkeitsketten zeigen lediglich eine Abhängigkeit der Fase vom entsprechenden Volumenkörper und sind damit so kurz als möglich.

Auf ähnliche Weise ist bei den Verrundungen vorzugehen. Auch hier gilt das Prinzip der Frühzeitigkeit. Die Verrundung sollte örtlich so früh als möglich im Strukturbaum stehen. Dabei sollte man sich wiederum mit 'Define In Work Object' an der entsprechenden Stelle positionieren.

Dann wird das entsprechende Icon aufgerufen:

 Edge Fillet

Im folgenden Eingabedialog wird der Radiuswert festgelegt. Kanten, die mit gleichem Radiuswert verrundet werden, sollten nach Möglichkeit in einer Operation zusammengefasst werden.

5.7 Bearbeitung

Nach vollständiger Verrundung der entsprechenden Kanten hat der Strukturbaum nun folgendes Aussehen:

Die Radiuswerte können Sie dem entsprechenden Eintrag im Strukturbaum entnehmen.

Damit ist nunmehr der Sinterrohteil fertig detailliert. Das Ergebnis können Sie mit der Datei *'Sinterrohteil.CATPart'* vergleichen.

5.7 Bearbeitung

Im nächsten Schritt werden nun die einzelnen Bearbeitungsschritte konstruktiv ausgeführt.

Dabei wird von einer Grobgeometrie oder einem Rohteil durch Abzugskörper die Fertiggeometrie erzeugt. Ein Körper beschreibt in diesem Fall einen Abzugskörper. Dieses Prinzip der Abzugskörper wird im unteren Bereich eines Konstruktionsbaumes verwendet, um entweder eine Grobgeometrie zu verfeinern oder spanende Bearbeitungsoperationen abzubilden. Auf diese Weise wird eine prozessorientierte Modellierung des Volumenmodells erreicht, die es erlaubt, schnell ein Rohteil oder Zwischenstände der Fertigungskette aus dem fertigen CAD-Modell zu extrahieren. Auch ein Anwender, der eine Geometrie modelliert, kommt auf diesem Weg zielgerichtet zu seiner Fertiggeometrie. Versuchte er, direkt das Fertigteil zu modellieren, würde CATIA zahlreiche halb abgeschnittene Verrundungen nicht berechnen können. Daher: Auch wenn ein Konstrukteur nicht weiß, wie das Bauteil gefertigt werden wird, sollte bei der Modellierung fertigungstechnisch gedacht werden. Dabei erhält jede Fertigungsstufe einen eigenen Körper (Drehen, Fräsen, Bohren), was schließlich zum fertigen Werkstück führt.

Dabei ist zunächst ein neuer Körper einzufügen. Dies erfolgt mit dem Icon 'BODY' aus der Funktionsleiste 'Insert'.

 BODY

Dieser Körper wird in 'Gesammelte Bearbeitungsschritte' umbenannt, und stellt einen Datensammler für die einzelnen Bearbeitungsoperationen dar.

Dann positionieren Sie sich auf die Boolesche Operation 'Assemble.1' und ziehen an dieser Stelle den zuvor definierten neuen Körper ab.

Remove

Der Strukturbaum hat damit folgendes klar strukturiertes Aussehen:

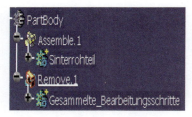

Nun werden die einzelnen Bearbeitungsschritte ausgeführt.

Dazu fügen Sie wiederum einen neuen Körper ein, den Sie mit 'Planbearbeitung' benennen. Dieser derzeit noch eigenständige Körper repräsentiert den Bearbeitungsschritt des Planfräsens der seitlichen Begrenzungsflächen des großen Pleuelauges. Der neu eingefügte Körper ist auch automatisch in Bearbeitung definiert.

HINWEIS Der in Bearbeitung befindliche Körper ist dadurch erkennbar, dass er im Strukturbaum unterstrichen wird.

Um eine entsprechende Skizze auszuführen, selektieren Sie die zx-Ebene.

Zeichnen Sie mit dem Befehl 'RECTANGULAR' ein Rechteck in allgemeiner Lage. Dann wird dieses Rechteck über 'CONSTRAINT' RICHTIG POSITIONIERT.

Dazu setzen Sie das Rechteck symmetrisch zur z-Achse und definieren den Abstand von der z-Achse über eine Formelbeziehung.

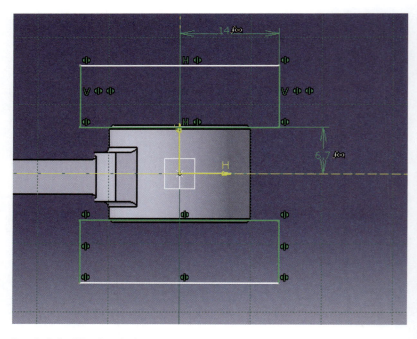

Das bei der Planbearbeitung abzutragende Maß wird am besten über einen eigenen Parameter definiert. In diesem Fall heißt der Parameter Planbearbeitung und hat einen Wert von 0.3mm.

Um die Planbearbeitung an beiden seitlichen Flächen anzubringen, spiegeln Sie abschließend die Skizze. Nach Verlassen des Skizzierers wird der Volumenkörper über 'PAD' als Positivkörper mit folgenden Einstellungen konstruiert:

5.7 Bearbeitung

HINWEIS Bei der Definition der einzelnen Bearbeitungsschritte ist es sowohl möglich mit Positiv- als auch mit Negativkörpern zu arbeiten. Es dürfen allerdings Positiv- und Negativkörper nicht gemischt werden, da ansonsten das Ergebnis verfälscht wird. Wird bei einem neuen Körper mit einem Negativkörper begonnen, wird dieser automatisch in einen Positivkörper umgewandelt. Dieses Verhalten gilt für alle eingefügten Körper, jedoch nicht für den 'Part Body', bei dem stets mit einem positiven Körper begonnen werden muß.

Dieser Körper 'Planbearbeitung' wird nun wiederum mit den Booleschen Operationen zum Körper 'Gesammelte Bearbeitungsschritte' zusammengebaut:

 Assemble

Nachdem der Hauptkörper aktiviert wird, ergibt sich damit folgendes Bauteil:

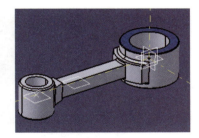

Zum besseren Erkennen der einzelnen Bearbeitungsschritte, empfiehlt es sich die einzelnen Bearbeitungskörper in unterschiedlichen Farben darzustellen.

Als Nächstes wird die Honbearbeitung des großen Pleuelauges durchgeführt. Dazu wird ein neuer Körper eingefügt und die xy-Ebene als Skizzierebene aufgerufen. Es ist ein Kreis kongruent mit dem Ursprung zu zeichnen, der als Durchmesser den Parameter 'Innendurchmesser_fertig_grosses_Auge' erhält.

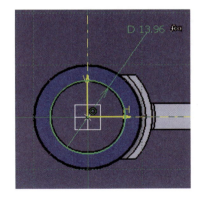

Über den Befehl 'PAD' wird der Volumenkörper erzeugt und entsprechend eingefärbt.

Bevor der Körper über die Operation 'ASSEMBLE' zusammengebaut wird, müssen Sie sich auf der entsprechenden Hierarchie im Strukturbaum positionieren.

Damit wird die Honbearbeitung auf der gleichen Stufe wie die Planbearbeitung eingefügt.

In gleicher Weise ist die Honbearbeitung des kleinen Auges zu konstruieren.

Wiederum fügen Sie einen neuen Körper ein und skizzieren diesmal in der Bezugsebene für das kleine Auge. Der Innendurchmesser wird über einen eigenen Parameter gesteuert und der Körper mit 'PAD' erstellt. Abschließend wird er an der richtigen Stelle im Strukturbaum eingefügt.

Damit ist die Konstruktion des Pleuels abgeschlossen und man erhält folgenden Bauteil:

Abschließend kann noch die Funktionsweise der einzelnen Parameter überprüft werden. Machen Sie einen Doppelklick auf den gewünschten Parameter und ändern Sie seinen Wert. Das Modell wird anschließend automatisch aktualisiert und Sie erhalten die neue Bauteilvariante. Ändern Sie hier den Parameter 'Stichmass' von 47mm auf 60mm.

TIPP Kontrollieren Sie für die einzelnen konstruierten Körper auch stets die Abhängigkeitsketten und versuchen Sie, diese so kurz wie möglich zu halten. In der Abhängigkeitskette sollte jeweils nur explizite Geometrie vorkommen.

Um in späterer Folge Werkstättenzeichnungen von unterschiedlichen Bearbeitungszuständen abfertigen zu können, werden die nicht benötigten Bearbeitungsschritte über das Kontextmenü der einzelnen Booleschen Operationen entsprechend deaktiviert.

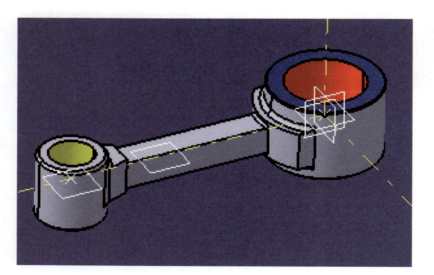

5.8 Variantenbildung

Das Aktivieren der Bearbeitungsschritte erfolgt auf die gleiche Weise.

Um das Ergebnis der beschriebenen Schritte zu überprüfen, können Sie die Datei 'Pleuel.CATPart' öffnen und vergleichen.

Im Kapitel über die Zeichnungserstellung dient diese Datei als Basis für die Ableitung der einzelnen Werkstättenzeichnungen.

5.8 Variantenbildung

Ziel dieses Abschnittes ist es, die Funktionsweise der gesetzten Parameter zu überprüfen. Dazu ändern Sie den Parameter 'Stichmass' auf 52mm, den Parameter 'Offset_Pleuelsteg' auf 1mm, sowie den Parameter 'Pleuelbreite' auf 6mm.

Das Volumenmodell wird sofort aktualisiert und das Pleuel stellt sich in folgender Variante dar.

So können alle Parameter beliebig geändert und damit eine Vielzahl unterschiedlicher Bauteilvarianten in sehr kurzer Zeit erzeugt werden.

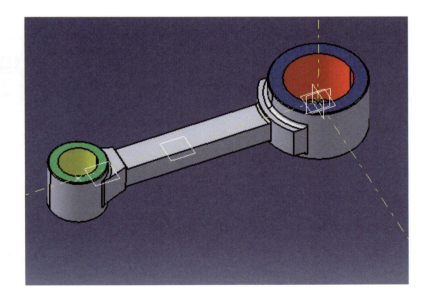

5.9 Verknüpfung mit Excel-Tabellen

Abschließend soll noch die mögliche Verknüpfung der Parameter und deren Steuerung über eine Excel-Tabelle behandelt werden.

Dazu ist in der unteren Standardfunktionsleiste das Icon 'DESIGN TABLE' zu selektieren.

DESIGN TABLE

Im folgenden Eingabefenster ist die Option 'Create a design table with current parameter values' zu aktivieren. Die Ausrichtung der Tabelle kann vertikal oder auch horizontal erfolgen.

Nach Bestätigung dieser Transaktion erhalten Sie ein weiteres Eingabefenster, in dem nach Setzen des Filtertyps auf 'Renamed parameter' (damit werden nur alle selbst erzeugten Para-

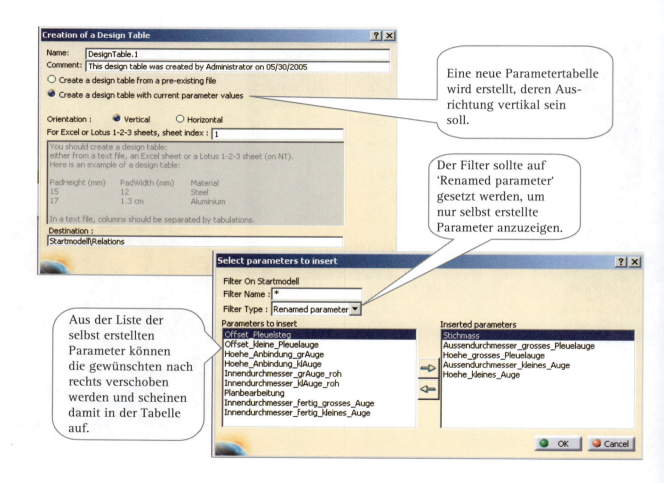

5.9 Verknüpfung mit Excel-Tabellen

meter angezeigt) die gewünschten Parameter nach rechts in die Tabelle verschoben werden können.

Damit ist das Aussehen der gewünschten Tabelle konfiguriert und diese kann nun im Excel bearbeitet werden.

Hier können beliebig viele Varianten erzeugt werden. Eine nachträgliche Erweiterung der Excel-Tabelle ist jederzeit möglich.

Nachdem die Tabelle gespeichert wurde, erfolgt eine automatische Synchronisierung mit dem Volumenmodell. Dabei wird eine entsprechende Meldung angezeigt.

Nunmehr kann die gewünschte Variante aus der Liste selektiert und angewendet werden.

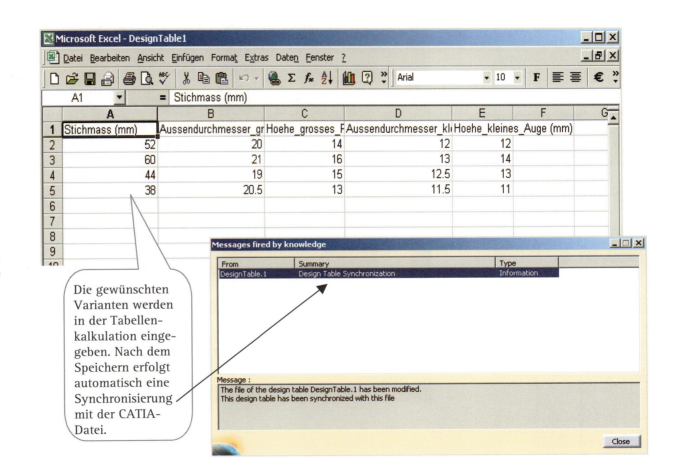

Die gewünschten Varianten werden in der Tabellenkalkulation eingegeben. Nach dem Speichern erfolgt automatisch eine Synchronisierung mit der CATIA-Datei.

Alle über eine Tabelle verknüpften Parameter werden im Strukturbaum über ein spezielles Symbol mit einem Akademikerhut dargestellt.

Durch Selektion des Icons 'Design Table' neben dem Parameterwert wird die Auswahlliste aufgerufen. Damit kann die gewünschte Variante zugewiesen werden.

Der Nachteil an der Excel-Tabelle ist, dass die entsprechenden Parameter nur mehr gemeinsam bearbeitet werden können.

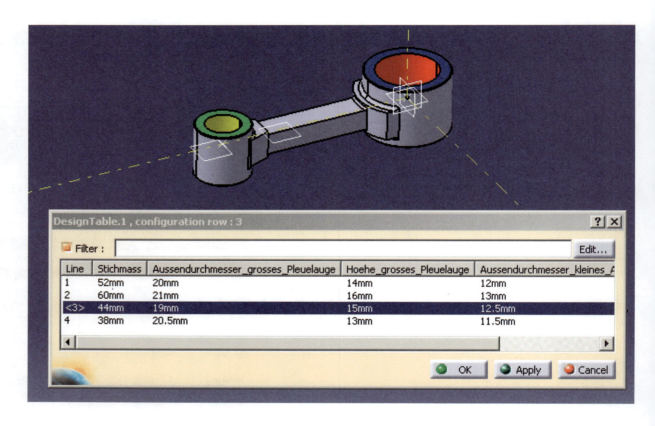

6 Skizzenbasierende Volumenkörper

6.1 PAD (Block)

In diesem Kapitel werden nun schrittweise die einzelnen Features zur Konstruktion von Volumenkörpern vorgestellt.

Begonnen wird dabei mit einem der am häufigsten verwendeten Körper, dem Block oder Prisma.

Die dabei benötigten Icons finden sich in folgender Funktionsleiste:

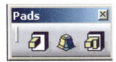

Wie bei allen skizzenbasierenden Volumenkörpern ist die Grundlage zur Erstellung von prismatischen Körpern eine Skizze. Diese Skizze kann vor oder nach dem Aufruf des Icons 'PAD' erstellt werden.

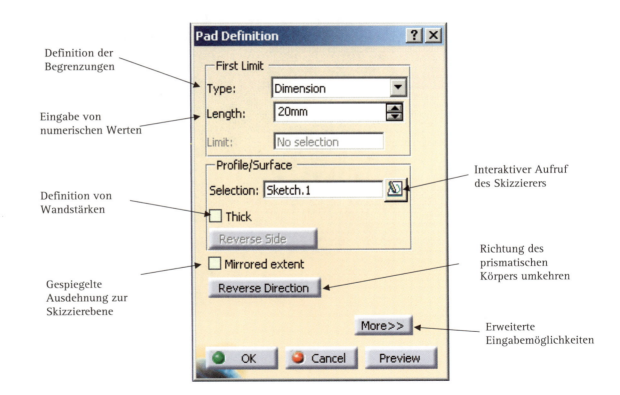

- Definition der Begrenzungen
- Eingabe von numerischen Werten
- Definition von Wandstärken
- Gespiegelte Ausdehnung zur Skizzierebene
- Interaktiver Aufruf des Skizzierers
- Richtung des prismatischen Körpers umkehren
- Erweiterte Eingabemöglichkeiten

6.2 Eingabemöglichkeiten bei PAD

In diesem Abschnitt werden die unterschiedlichen Eingabemöglichkeiten bei der Funktion PAD erläutert.

Dimensions

Die am häufigsten verwendete Möglichkeit, einen prismatischen Körper zu erstellen, geschieht über die Eingabe von ein oder zwei numerischen Limits (Begrenzungen). Dabei erhält man das erweiterte Eingabefenster zur Eingabe der zweiten Begrenzung über den Schalter 'More'.

Wird das zweite Limit positiv eingegeben, wird es in entgegengesetzter Richtung angesetzt, wird es negativ eingegeben, liegt es in der gleichen Richtung wie das erste Limit. Damit können prismatische Körper konstruiert werden, die nicht in der Skizzierebene beginnen.

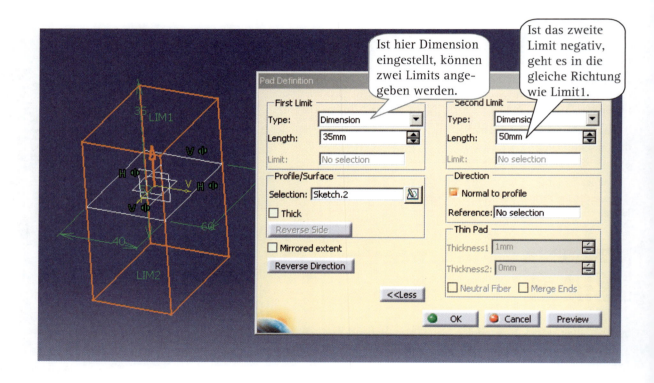

6.2 Eingabemöglichkeiten bei PAD

Plane, Surface

Eine weitere häufig verwendete Begrenzungsmöglichkeit eines prismatischen Körpers erfolgt durch eine Ebene (Plane) oder eine Fläche (Surface). Bei der Auswahl einer Fläche ist es jedoch notwendig, dass diese den Block zur Gänze schneidet, da ansonsten eine eindeutige Begrenzung nicht möglich ist. Da Ebenen ohnehin mit unendlicher Ausdehnung definiert sind, ist dies dort nicht notwendig.

Die nebenstehende Übersicht zeigt einmal die Begrenzung 'Up to plane' und einmal 'Up to surface'.

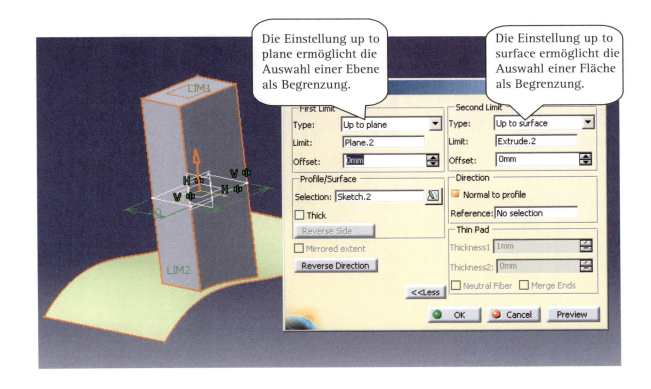

Die Einstellung up to plane ermöglicht die Auswahl einer Ebene als Begrenzung.

Die Einstellung up to surface ermöglicht die Auswahl einer Fläche als Begrenzung.

Up to next, up to last

Diese Einstellung bewirkt eine Ausdehnung des prismatischen Körpers bis zur nächsten 'Up to next' Fläche des aktiven (Define in Work Object) Körpers. Bei 'Up to last' wird der Block bis zur letzten Fläche des aktiven Körpers gezogen. Diese Auswahl bewirkt jedoch eine entsprechend längere Abhängigkeitskette, da Flächen eines anderen Volumenkörpers zur Begrenzung herangezogen werden. Es empfiehlt sich stets die Abhängigkeitsketten so kurz wie möglich zu gestalten und daher nur explizite Geometrie zu verwenden.

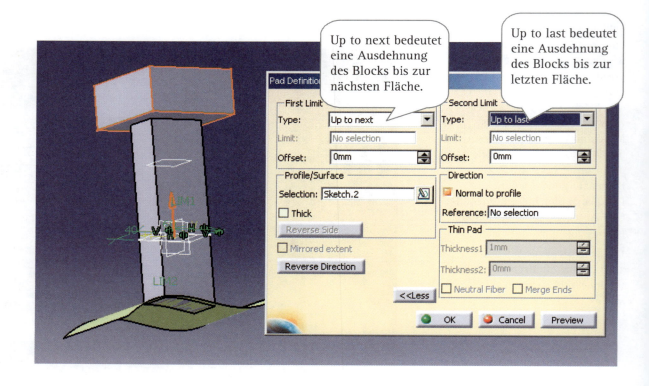

6.2 Eingabemöglichkeiten bei PAD

Beliebige Richtung

Im Weiteren ist es möglich, einen prismatischen Körper auch in eine beliebige Richtung zu ziehen.

In diesem Fall wird der Schaltknopf 'Normal to profile' deaktiviert und nun kann als Richtung eine Linie oder eine Skizze selektiert werden.

HINWEIS Die Icons 'DRAFTED FILLETED PAD' sowie 'MULTI-PAD' werden hier nicht näher behandelt. Der Grund liegt darin, dass es sich dabei um komplexe Körper handelt, die zu langen Abhängigkeitsketten führen, was aufgrund der beschriebenen Methodik in jedem Fall vermieden werden sollte. Entformschrägen und Radien sollten jeweils über Operationen im Anschluss an den Volumenkörper angebracht werden.

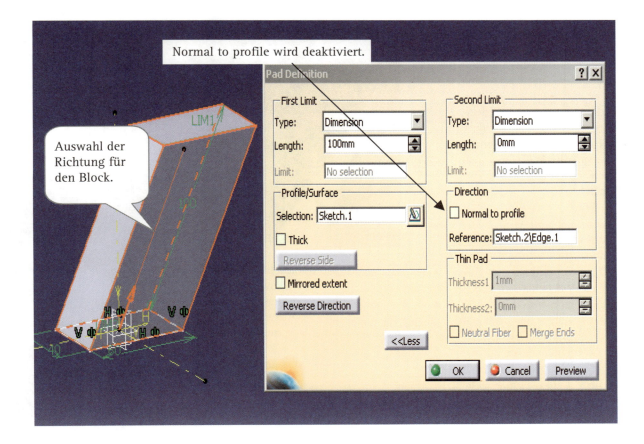

6.3 Pocket (Tasche)

Das Icon 'POCKET' beinhaltet im Grunde dieselbe Funktionalität wie der Block, nur dass es sich in diesem Fall um einen Negativkörper handelt. Dies bedeutet, dass bei Verwendung dieser Funktion von den bestehenden Volumenkörpern Material abgetragen wird.

HINWEIS: Wird das Icon Pocket an erster Stelle in einem Body (Körper) verwendet, so wird vom System automatisch ein Positivkörper erstellt. Wird dieser Körper über die Boolesche Operation 'SUBTRACT' von einem anderen Körper entfernt, hat dies die gleiche Auswirkung, als würden die beiden Körper über 'ASSEMBLE' zusammengebaut. Im standardmäßig vorhandenen Part Body ist es allerdings nicht erlaubt, mit einem Negativkörper zu beginnen.

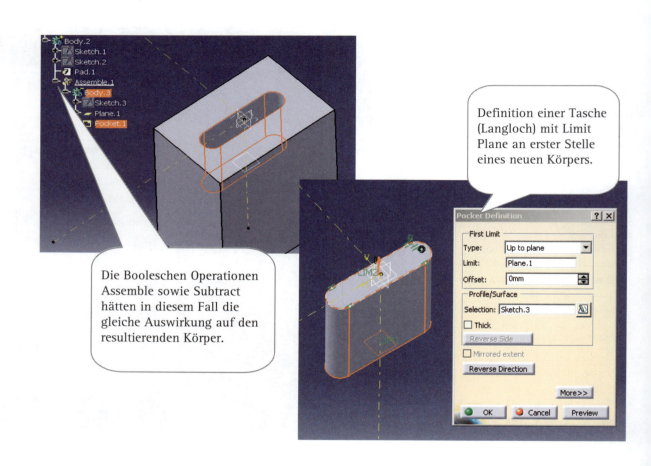

Definition einer Tasche (Langloch) mit Limit Plane an erster Stelle eines neuen Körpers.

Die Booleschen Operationen Assemble sowie Subtract hätten in diesem Fall die gleiche Auswirkung auf den resultierenden Körper.

6.4 Shaft (Welle)

Mit diesem Befehl ist es möglich, Rotationskörper zu erzeugen.

 Shaft

Dabei ist es notwendig, bereits in der Skizze eine Achse festzulegen. Sind bereits andere Achsen in der Konstruktion verfügbar, können auch diese verwendet werden, was aber wiederum zu längeren Abhängigkeitsketten führt und daher vermieden werden sollte.

Generell können alle geschlossenen Konturen, die jedoch die Achse nicht schneiden sowie alle zur Achse hin geschlossenen Konturen rotiert werden.

Beispielhaft sehen Skizzen für Rotationskörper folgendermaßen aus:

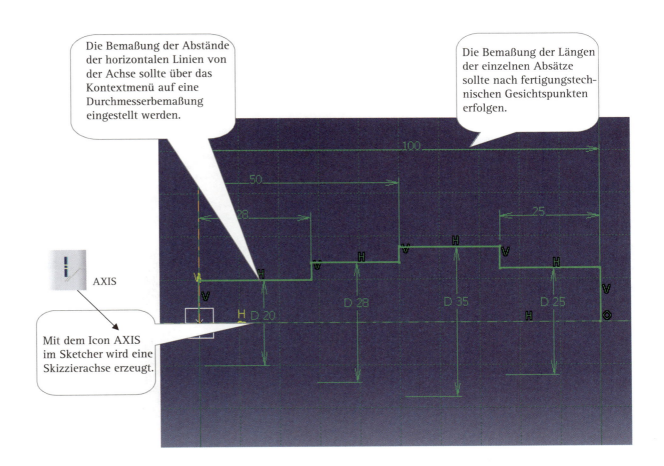

Über die Parameter im Eingabefenster des Befehls SHAFT kann eine vollständige Rotation (360°) oder eine teilweise Rotation der jeweiligen Skizze um die Achse erzeugt werden.

Über den Schaltknopf 'More' kann das Eingabefenster erweitert werden, was die Eingabe von zwei Wandstärken bei 'Thick Profile' ermöglicht.

Wird zusätzlich 'Neutral Fiber' selektiert, befindet sich die Skizze in der Mitte und die Wandstärke wird beidseitig mit dem gleichen Wert aufgetragen.

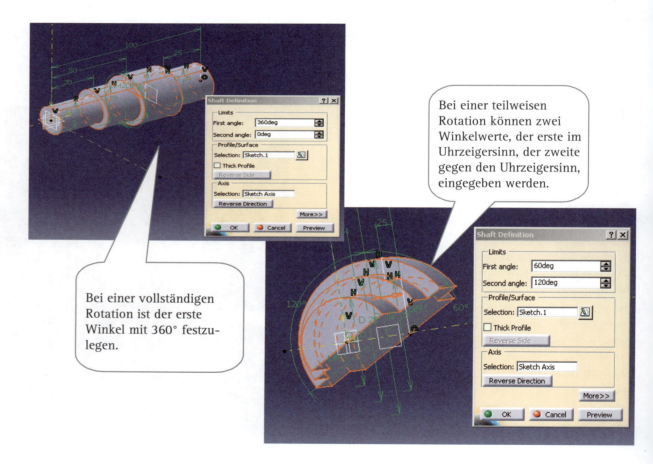

Bei einer vollständigen Rotation ist der erste Winkel mit 360° festzulegen.

Bei einer teilwesen Rotation können zwei Winkelwerte, der erste im Uhrzeigersinn, der zweite gegen den Uhrzeigersinn, eingegeben werden.

6.5 Groove (Nut)

Der Befehl GROOVE verfügt über die gleiche Funktionalität wie der Befehl Shaft, allerdings wird damit wieder ein Negativ- bzw. Abzugskörper definiert.

 Groove

Ansonsten gelten die gleichen Aussagen wie beim zuvor beschriebenen Befehl SHAFT.

Als Beispiel für eine Nut kann der Einstich für einen Sicherungsring auf einer Welle dienen.

Es empfiehlt sich, auch hier in der Skizze neuerlich eine Achse zu erzeugen, um keine gegenseitigen Abhängigkeiten zu bewirken.

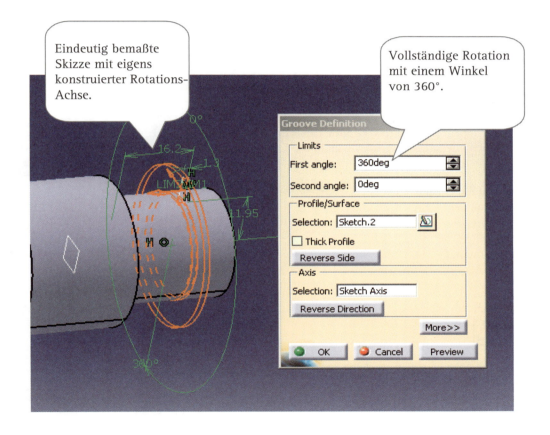

6.6 Hole (Bohrung)

Mit dem Befehl HOLE (Bohrung) können Bohrungen sowohl auf ebenen Flächen als auch auf beliebig geformten Flächen angebracht werden.

 HOLE

Nach dem Aufruf des entsprechenden Icons und der Fläche auf der die Bohrung angebracht werden soll, ist folgende Vorgangsweise für Bohrungen in ebenen Flächen empfehlenswert.

Zuerst sollte die Lage der Bohrung über das Icon 'Positioning Sketch' festgelegt werden.

In der Skizze wird der Mittelpunkt der Bohrung (dargestellt als Stern) über eine Gerade positioniert. Diese Gerade ist kongruent mit dem Mittelpunkt und der Rotationsachse zu konstruieren. Über den Winkel kann die Lage geändert werden.

Über einen Hilfskreis kann wie bei einem Lochkreis der Durchmesser auf dem sich die Bohrung befindet variiert werden.
Beide Elemente (Kreis, Gerade) werden automatisch in Hilfskonstruktionen - strichliert dargestellt - umgewandelt.

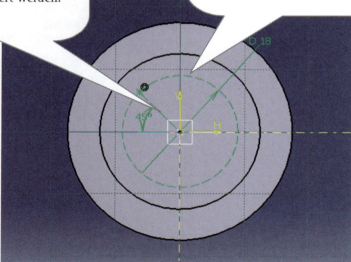

6.6 Hole (Bohrung)

Im Eingabefenster für HOLE wird anschließend die Ausdehnung 'Type' der Bohrung festgelegt. Bei 'Type' sind wiederum folgende Möglichkeiten verfügbar:

Die Einstellung 'Blind' führt zu einem Sackloch, für das weiters die Tiefe der Bohrung über 'Depth' einzugeben ist. Die anderen Ausprägungen verhalten sich so wie zuvor bei PAD beschrieben.

Es kann auch eine Richtung, die nicht normal auf die Bohrungsfläche ist, festgelegt werden.

Im weiteren ist der Bohrungsgrund im Normalfall mit einem Kegel von 120° Öffnungswinkel zu versehen.

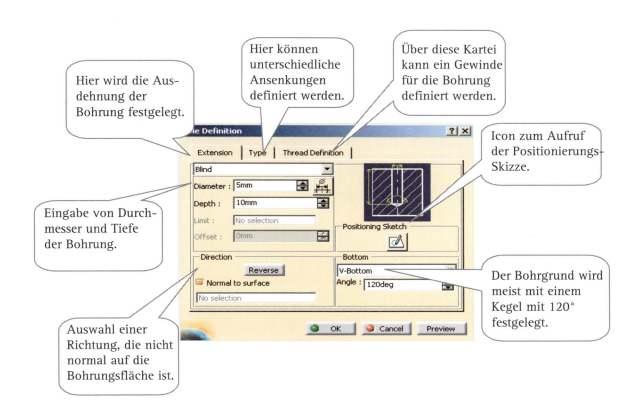

Über die Kartei 'Type' können unterschiedliche Ansenkungen definiert werden:

- Konische Ansenkung

- Counterbored

- Countersunk

- Counterdrilled

Dabei sind unterschiedliche Parameterwerte einzugeben.

Über die Kartei 'Thread Definition' kann ein Gewinde festgelegt werden. Dieses Gewinde wird dann in der Zeichnungsableitung normgerecht dargestellt.

Wählbar sind metrische Standardgewinde und metrische Feingewinde. Der Kerndurchmesser und die Steigung des Gewindes ist der Norm entsprechend hinterlegt.

Die Gewindetiefe ist festzulegen, ebenso, ob es sich um ein Rechts- oder Linksgewinde handeln soll.

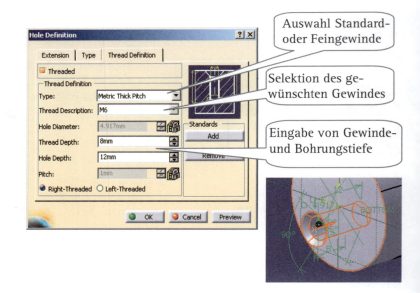

Auswahl Standard- oder Feingewinde

Selektion des gewünschten Gewindes

Eingabe von Gewinde- und Bohrungstiefe

Die Darstellung des Gewindes ist auch im Strukturbaum zu erkennen:

ACHTUNG Sollen Bohrungen auf Mantelflächen von Rotationskörpern angebracht werden, ist das Icon HOLE zu vermeiden, da eine eindeutige und parametrisierbare Definition der Lage nicht möglich ist.

6.7 Rib (Rippe)

Der Befehl Rippe ermöglicht es, eine Kontur entlang einer Leitkurve (Center curve) zu verschieben. Die Rippe basiert auf zwei Skizzen oder einer Skizze und einer räumlichen Leitkurve. Die Leitkurve kann dabei offen oder geschlossen sein, wobei eine räumliche Leitkurve tangentenstetig sein muss. Das Profil selbst muss geschlossen sein, kann jedoch in speziellen Fällen (Thick Profile) auch offen sein.

 Rib

Ein anschauliches Beispiel zur Konstruktion einer Rippe ist der Zahn eines schräg verzahnten Zahnrades. Dabei wird das geschlossene Profil einer Evolventenverzahnung entlang einer schraubförmigen Leitkurve transformiert. Die Vorgehensweise stellt sich wie folgt dar:

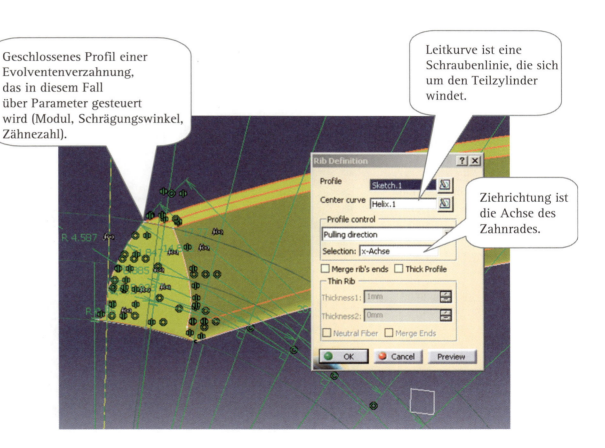

Geschlossenes Profil einer Evolventenverzahnung, das in diesem Fall über Parameter gesteuert wird (Modul, Schrägungswinkel, Zähnezahl).

Leitkurve ist eine Schraubenlinie, die sich um den Teilzylinder windet.

Ziehrichtung ist die Achse des Zahnrades.

Dieses Beispiel können Sie auch mit Hilfe der Datei *'Schraegverzahnung.CATPart'* selbst nachvollziehen.

Entscheidend beim Befehl RIB ist es auch, die Wirkungsweise der unterschiedlichen Möglichkeiten der Profilsteuerung (Profile control) zu verstehen. Sie beschreibt die relative geometrische Lage, die Kontur und Leitkurve zueinander haben.

Soll diese geometrische Lage, die diese beiden Elemente zu Beginn der Transformation haben, stets beibehalten werden, so ist 'Keep angle' einzustellen.

Dadurch wird die Kontur geneigt und folgt immer im gleichen Winkel der Leitkurve. Dies ist beim Zahnrad in nebenstehender Abbildung gut zu erkennen.

Will man diese Neigung der Kontur verhindern kann unter 'Profile control' die Einstellung 'Pulling direction' gewählt werden.

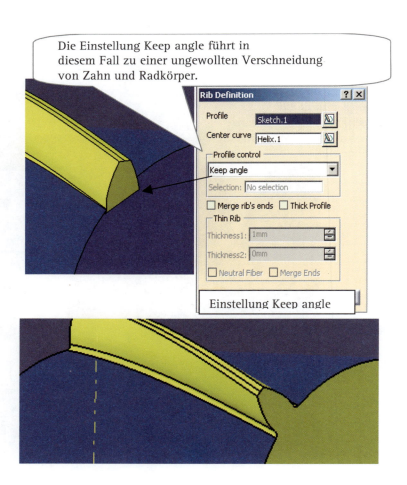

Die Einstellung Keep angle führt in diesem Fall zu einer ungewollten Verschneidung von Zahn und Radkörper.

Einstellung Keep angle

Dabei entsteht dann die gewünschte Zahnform, bei der die Kontur immer normal zur Achse des Zahnrades (in diesem Fall der x-Achse) verläuft.

Die dritte Möglichkeit der Profilsteuerung ist es, die Kontur an einer Fläche auszurichten. Dabei muss die Einstellung 'Reference surface' selektiert werden. Die Kontur folgt in diesem Fall der gewählten Referenzfläche.

Wird im angeführten Beispiel als Referenzfläche die yz-Ebene gewählt erhält man dasselbe richtige Ergebnis.

HINWEIS Falls es sich nicht um eine Ebene handelt, muss die Leitkurve in der Fläche liegen.

6.8 Slot (Rille)

Bei dem Befehl SLOT stehen wiederum die gleichen Eingabemöglichkeiten wie zuvor bei RIB zur Verfügung. Es handelt sich in diesem Fall allerdings um einen Abzugs- oder Negativkörper.

 Slot

Im angeführten Beispiel sieht man einen Slot, der aus einem geöffneten Profil und einem Spline entsteht. Über die Auswahl von 'Thick Profile' ist es möglich, ein geöffnetes Profil zu verwenden. Die Wandstärken können in zwei Richtungen oder symmetrisch zur neutralen Faser (Auswahl von 'Neutral Fiber') angesetzt werden. Als Profilsteuerung wurde in diesem Fall 'Keep angle' gewählt.

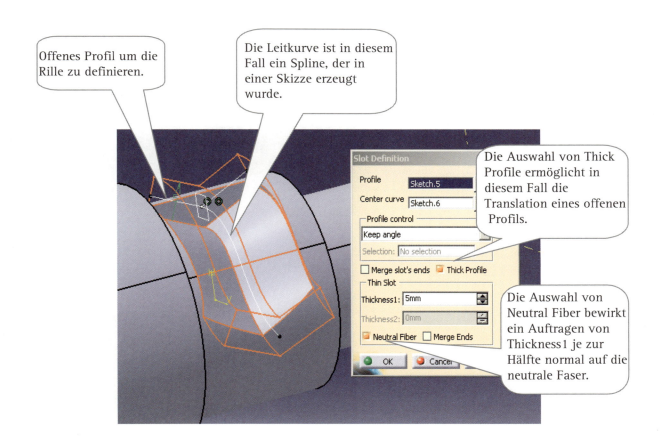

Offenes Profil um die Rille zu definieren.

Die Leitkurve ist in diesem Fall ein Spline, der in einer Skizze erzeugt wurde.

Die Auswahl von Thick Profile ermöglicht in diesem Fall die Translation eines offenen Profils.

Die Auswahl von Neutral Fiber bewirkt ein Auftragen von Thickness1 je zur Hälfte normal auf die neutrale Faser.

6.9 Solid combine

Mit dem Befehl SOLID COMBINE (Kombinierter Volumenkörper) kann die Verschneidung von zwei prismatischen Volumenkörpern erstellt werden.

   Solid combine

Als Elterngeometrie kommen in diesem Fall zwei Skizzen, die geschlossen sein müssen, in Frage. Wahlweise können eine oder beide Skizzen durch Flächen ersetzt werden. In diesem Fall muss allerdings die Richtung der Extrusion zusätzlich angegeben werden.

Im angeführten Beispiel ist das Eingabefenster sowie die Vorgehensweise bei der Erstellung eines kombinierten Volumenkörpers ersichtlich.

HINWEIS Das gleiche Ergebnis erhält man auch, indem man zwei Körper über die Boolesche Operation 'INTERSECT' verknüpft.

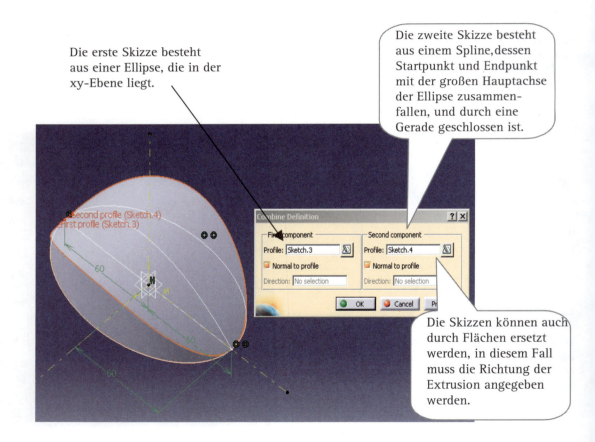

Die erste Skizze besteht aus einer Ellipse, die in der xy-Ebene liegt.

Die zweite Skizze besteht aus einem Spline, dessen Startpunkt und Endpunkt mit der großen Hauptachse der Ellipse zusammenfallen, und durch eine Gerade geschlossen ist.

Die Skizzen können auch durch Flächen ersetzt werden, in diesem Fall muss die Richtung der Extrusion angegeben werden.

6.10 Stiffener

Der Befehl STIFFENER (Versteifung) ergibt einen prismatischen Körper, der auf einer Skizze basiert. Eine Versteifung hat in ihrer Abhängigkeitskette stets einen anderen Volumenkörper, durch den sie begrenzt wird und kann daher niemals an erster Stelle eines Bodies stehen.

 Stiffener

Im weiteren basiert der STIFFENER auf einer Skizze als Elterngeometrie, die aus einem oder mehreren Kurvenzügen bestehen kann. Die Kurven müssen auch nicht zu den Begrenzungsflächen getrimmt sein, das wird automatisch vom System ausgeführt. Jedoch muss die Kontur so ausgeführt sein, dass sich ein Schnittpunkt mit den Begrenzungsflächen ergibt.

Nebenstehende Übersicht zeigt die Vorgangsweise bei der Erstellung einer Versteifungsrippe.

Die Kontur, die zur Erstellung eines Stiffeners benötigt wird, muss zu den begrenzenden Flächen nicht getrimmt sein. Sowohl ein Stutzen als auch ein Dehnen der Kontur erfolgt automatisch.

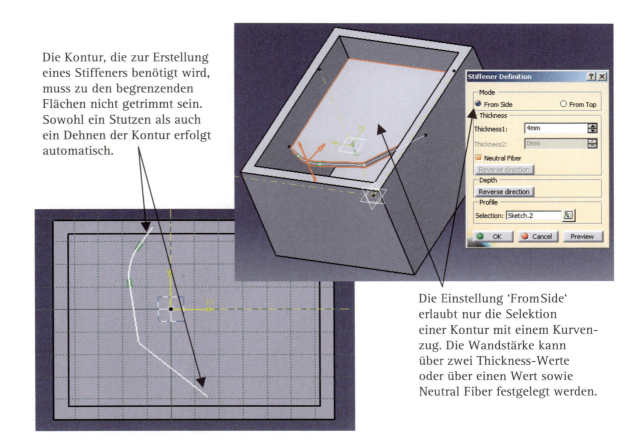

Die Einstellung 'FromSide' erlaubt nur die Selektion einer Kontur mit einem Kurvenzug. Die Wandstärke kann über zwei Thickness-Werte oder über einen Wert sowie Neutral Fiber festgelegt werden.

In der Einstellung 'From Top' kann die Skizze auch aus mehreren Kurven bestehen, die wiederum automatisch getrimmt werden. Mit der Einstellung 'Reverse direction' unter 'Depth' kann die Richtung der Rippe umgekehrt werden, allerdings muss in beiden Richtungen eine Begrenzungsfläche vorhanden sein, um einen Volumenkörper zu erhalten.

Mit der Auswahl von 'Reverse direction' unter 'Thickness' kann die Orientierung der Aufmaße geändert werden. Die Orientierung von 'Thickness1'

zeigt in Richtung des Vektors der Skizzierebene.

Soll die Skizzierebene mittig liegen, ist dies wiederum über die Selektion von 'Neutral Fiber' möglich.

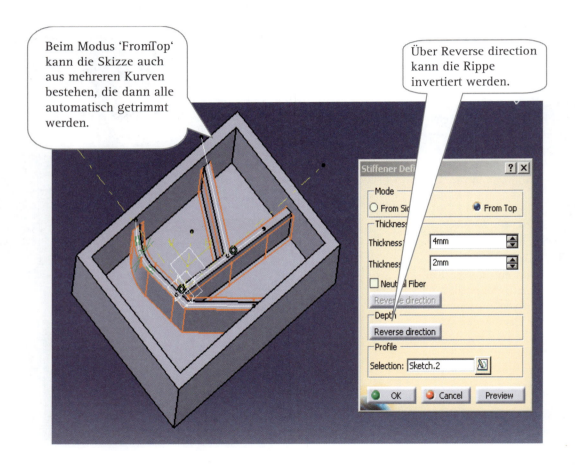

Beim Modus 'FromTop' kann die Skizze auch aus mehreren Kurven bestehen, die dann alle automatisch getrimmt werden.

Über Reverse direction kann die Rippe invertiert werden.

6.11 Multi-sections Solid

Mit dem Befehl Multi-sections Solid (Loft) kann ein Volumenkörper aus zwei oder mehreren Konturen (Schnitten) aufgebaut werden.

 Multi-sections Solid

Im einfachsten Fall werden zwei Skizzen mit einer gleichen Anzahl von Unstetigkeiten miteinander verbunden. Dabei wird vom System automatisch eine Leitkurve, die normal auf beide Skizzierebenen steht, berechnet.

TIPP Die Pfeilrichtung, in der die Konturen durchlaufen werden, sollte gleich sein, da sich ansonsten ein verdrehter Körper ergibt.

Ist die Anzahl der Unstetigkeiten ungleich, kann eine Zuordnung der entsprechenden Kopplungspunkte getroffen werden.

Die Vorgangsweise stellt sich wie folgt dar:

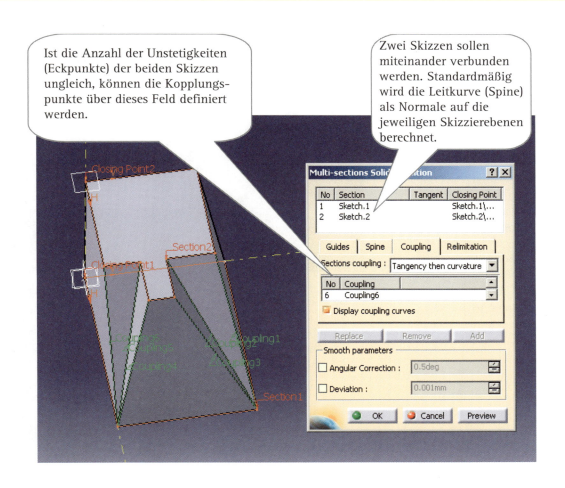

Ist die Anzahl der Unstetigkeiten (Eckpunkte) der beiden Skizzen ungleich, können die Kopplungspunkte über dieses Feld definiert werden.

Zwei Skizzen sollen miteinander verbunden werden. Standardmäßig wird die Leitkurve (Spine) als Normale auf die jeweiligen Skizzierebenen berechnet.

Weiters ist es möglich, zwischen den einzelnen Kopplungspunkten Guides (Führungskurven) zu definieren. Diese Führungskurve ist eine Linie oder Kurve, die Kopplungspunkte miteinander verbindet, und die in der Kartei 'Guides' definiert wird.

Alternativ zu Führungskurven, die jeweils zwischen zwei Kopplungspunkten gelten, kann ein Spine (Leitkurve) definiert werden. Dieser Spine steuert global den Verlauf zwischen den Konturen eines Lofts, vergleichbar mit der Leitkurve beim Befehl RIB.

Im dargestellten Beispiel wurde einmal mit Guides und einmal mit einem Spine gearbeitet.

HINWEIS Wird mit Guides gearbeitet, sollte die zusätzliche Definition eines Spines vermieden werden.

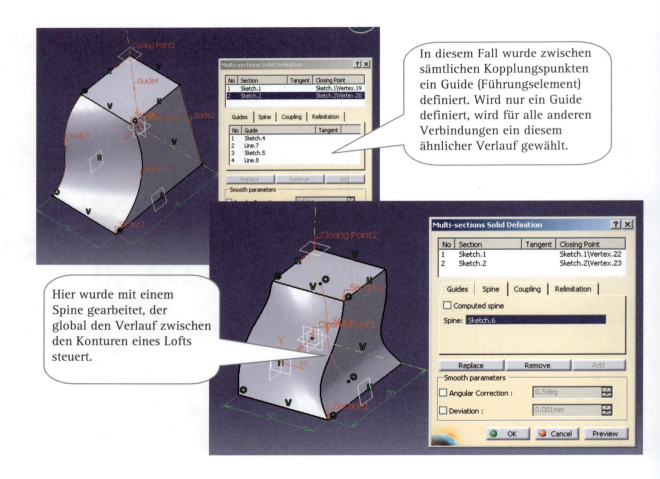

In diesem Fall wurde zwischen sämtlichen Kopplungspunkten ein Guide (Führungselement) definiert. Wird nur ein Guide definiert, wird für alle anderen Verbindungen ein diesem ähnlicher Verlauf gewählt.

Hier wurde mit einem Spine gearbeitet, der global den Verlauf zwischen den Konturen eines Lofts steuert.

6.11 Multi-sections Solid

Anstatt die einzelnen Unstetigkeiten bei ungleicher Anzahl manuell zu verbinden, kann auch über automatische Algorithmen gearbeitet werden.

Dabei gibt es folgende Möglichkeiten:

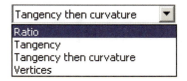

Beispiele zu den oben dargestellten Algorithmen finden sie in der nebenstehenden Übersicht.

Oftmals ist es jedoch am einfachsten, die Zuordnung der Kopplungspunkte manuell durchzuführen.

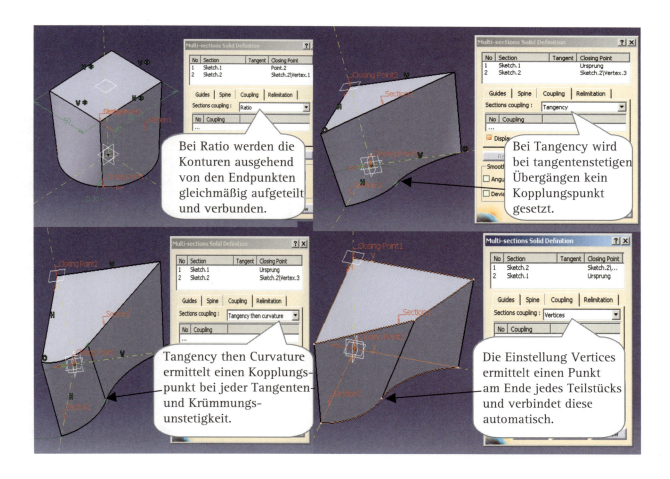

6.12 Removed multi-sections solid

Dabei handelt es sich wiederum um einen Negativ- oder Abzugskörper. Die Funktionalität ist gleich wie beim Befehl Loft. Es können auch hier zwei oder mehrere geschlossene Konturen verbunden werden.

 Removed multi-sections solid

 Durch einen Aufruf des Kontextmenüs kann der 'Closing Point' versetzt werden. Dabei kann jeder auf der Kontur liegende Punkt selektiert werden.

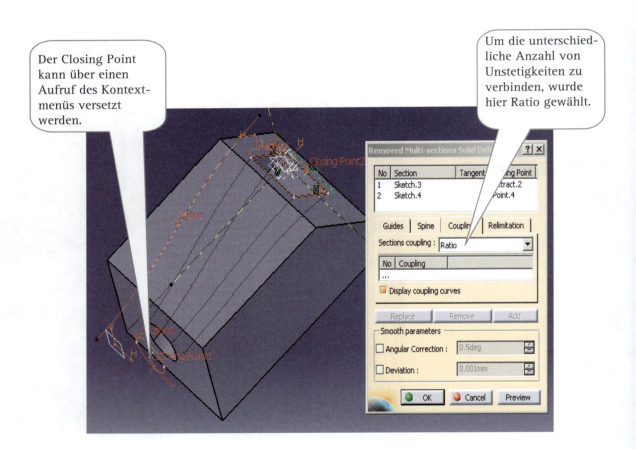

Der Closing Point kann über einen Aufruf des Kontextmenüs versetzt werden.

Um die unterschiedliche Anzahl von Unstetigkeiten zu verbinden, wurde hier Ratio gewählt.

7 Operationen

7.1 Edge Fillet

Mit dem Befehl 'EDGE FILLET' können Kantenverrundungen an einem Volumenkörper angebracht werden. Dabei steht folgende Workbench zur Verfügung:

Generell sollte aufgrund der Richtlinien der Konstruktionsmethodik (siehe Kapitel 3) eine Detaillierung der Geometrie immer über Operationen erfolgen und nicht schon in der Skizze. Dies führt zu einer wesentlich stabileren und änderungsfreundlicheren Konstruktion. Darüber hinaus sollte die Operation im Strukturbaum unmittelbar nach dem Volumenkörper eingefügt werden, den sie betrifft, und nicht gesammelt am Ende des Strukturbaums. Diese rein örtliche Frühzeitigkeit führt zu einer möglichst kurzen Abhängigkeitskette.

Reiht man die möglichen Operationen untereinander, ergibt sich folgende Richtlinie in der Abfolge:

1. Draft Angle
2. Edge Fillet, Chamfer
3. Shell, Thickness

Die Operation 'DRAFT ANGLE' steht insofern an erster Stelle, da das Anbringen von Entformschrägen den gravierendsten Eingriff in die Geometrie bedeutet. Werden Entformschrägen an Flächen angebracht, die bereits verrundet sind, führt dies zu variablen Radien und meist sogar zu Fehlermeldungen, da die Änderungen in der Geometrie zu komplex sind. Wird aber erst nach dem Anbringen der Entformschrägen verrundet, sind beide Operationen problemlos durchzuführen.

Bei einer konstanten Kantenverrundung ist der gewünschte Radius einzugeben und der Fortführungstyp zu wählen.

Der Fortführungstyp Tangency bewirkt eine komplette Verrundung eines tangentenstetigen Profils.

Bei einer konstanten Kantenverrundung ist folgendes Icon zu selektieren:

 Edge Fillet

Mit dem Befehl 'VARIABLE RADIUS FILLET' kann eine Kantenverrundung mit variablem Radius durchgeführt werden.

   VARIABLE RADIUS FILLET

Dabei werden standardmäßig für eine Kante die zwei Extrempunkte als Stützpunkte angeboten. Die Angabe weiterer Stützpunkte, um den Verlauf des variablen Radius besser zu beschreiben, ist jedoch möglich. Diese Punkte können entweder mit der linken Maustaste an der selektierten Linie indiziert werden, oder über den Befehl 'Point' mit der Einstellung 'On curve' zuvor exakt erzeugt werden.

Die folgende Abbildung zeigt die Vorgangsweise:

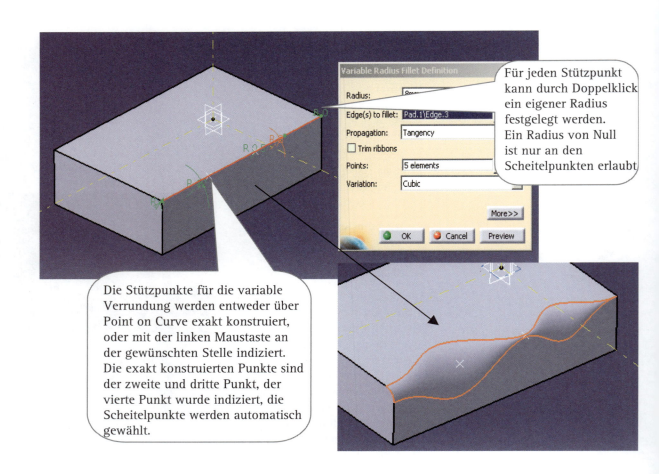

Für jeden Stützpunkt kann durch Doppelklick ein eigener Radius festgelegt werden. Ein Radius von Null ist nur an den Scheitelpunkten erlaubt.

Die Stützpunkte für die variable Verrundung werden entweder über Point on Curve exakt konstruiert, oder mit der linken Maustaste an der gewünschten Stelle indiziert. Die exakt konstruierten Punkte sind der zweite und dritte Punkt, der vierte Punkt wurde indiziert, die Scheitelpunkte werden automatisch gewählt.

7.1 Edge Fillet

Beim FACE-FACE FILLET ist die Verrundung von zwei Teilflächen möglich. Diese beiden Teilflächen können eine gemeinsame Kante besitzen, jedoch ist diese gemeinsame Kante nicht zwingend erforderlich.

  Face-Face Fillet

Dabei kann mit konstantem oder variablem Radius verrundet werden.

Das dargestellte Beispiel zeigt die in der Praxis häufig anzutreffende Verrundung von zwei Gussbutzen zueinander, die über diese Funktion fertigungsgerecht ausgeführt werden kann.

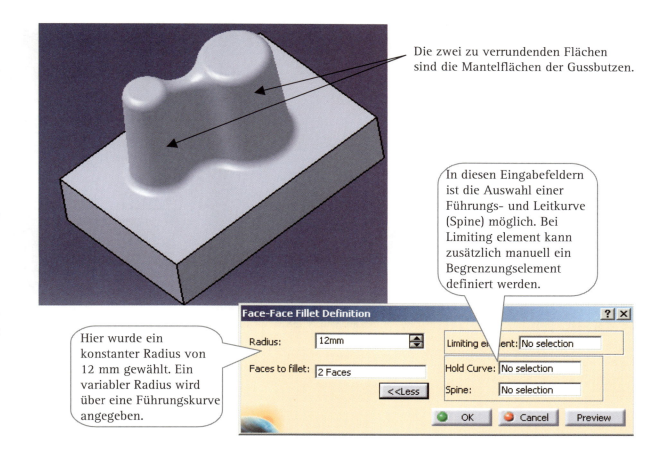

Die zwei zu verrundenden Flächen sind die Mantelflächen der Gussbutzen.

In diesen Eingabefeldern ist die Auswahl einer Führungs- und Leitkurve (Spine) möglich. Bei Limiting element kann zusätzlich manuell ein Begrenzungselement definiert werden.

Hier wurde ein konstanter Radius von 12 mm gewählt. Ein variabler Radius wird über eine Führungskurve angegeben.

Mit dem Befehl 'TRITANGENT FILLET' können drei Teilflächen eines Volumenkörpers verrundet werden.

TRITANGENT FILLET

Bei dieser Art der Verrundung verschwindet eine Teilfläche. Die zu entfernende Teilfläche muss jeweils mit einer gemeinsamen Kante an die beiden zu verrundenden Teilflächen angrenzen und die beiden Flächen verbinden. Bei der Verrundung kann sich je nach Lage der Teilflächen ein konstanter oder ein variabler Radius ergeben.

Im nebenstehenden Übersichtsbild führt die dreitangentiale Verrundung zu einem variablen Radius.

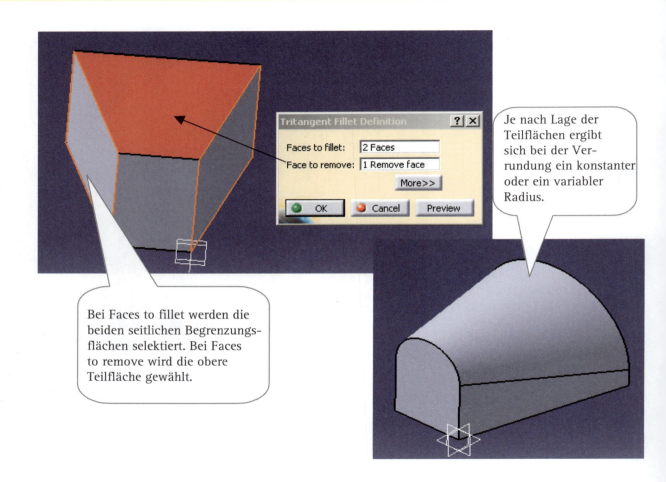

Bei Faces to fillet werden die beiden seitlichen Begrenzungsflächen selektiert. Bei Faces to remove wird die obere Teilfläche gewählt.

Je nach Lage der Teilflächen ergibt sich bei der Verrundung ein konstanter oder ein variabler Radius.

7.1 Edge Fillet

Weitere Eingabeparameter bei Fillet

Die Befehle FILLETS verfügen über weitere wichtige Eingabeparameter, die komplizierte Verrundungen möglich machen. Es sind dies die Einstellungen:

- Edges to keep
- Limiting elements
- Blend corner

Über 'Edges to keep' können beizubehaltende Kanten selektiert werden, womit der Radius nicht mehr tangentenstetig verlaufen muss. Eine Verrundung wird damit möglich.

Diese Funktion ist auch bei Gusskonstruktionen wichtig, um eine Teilungsebene beizubehalten, da die Kanten ansonsten modifiziert werden.

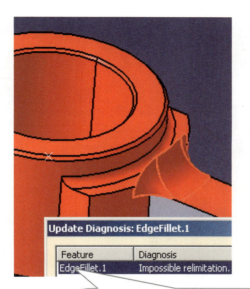

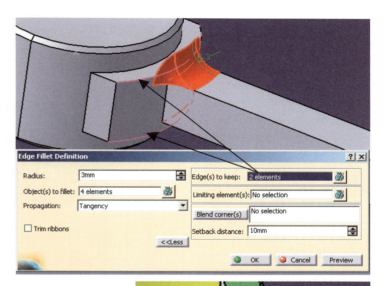

Ist der Radiuswert größer als der Abstand der zu verrundenden Kante zur nächsten scharfen Kante, führt dies oftmals zu Fehlermeldungen. Eine Behebung dieser Fehlermeldung kann über die Definition einer beizubehaltenden Kante (Edges to keep) erfolgen. Dabei läuft der Radius nicht mehr tangential in die beizubehaltende Kante ein, womit eine Verrundung möglich wird.

Mit der Option 'Limiting elements' kann eine Verrundung begrenzt werden.

Mit der Option 'Blend corners' wird eine fehlerfreie Eckenverrundung ermöglicht.

In der nebenstehenden Abbildung sehen Sie Beispiele zu den drei zuvor beschriebenen Optionen.

Im ersten Fall handelt es sich um einen Gussteil, bei dem die Teilungsebene nicht modifiziert werden soll.

Im zweiten Fall wird die Verrundung durch eine Kante begrenzt.

Im dritten Fall wird eine Ecke verrundet, wobei zusätzlich ein Zurücksetzungsabstand (Setback distance) definiert werden kann.

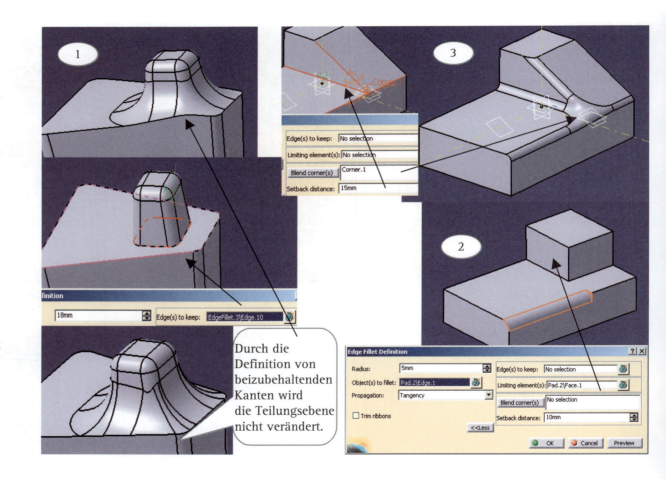

7.2 Chordal Fillet

Mit dem Befehl 'Chordal Fillet' ist es möglich, eine nahezu krümmungsstetige Verrundung zu erzeugen.

 Chordal Fillet

Dies ist besonders dann gewünscht, wenn auf die Reflexionen der zu erstellenden Verrundung ein hohes Augenmerk gelegt wird, was speziell im Industriedesign der Fall ist. Die Reflexionen können in der CATIA-Arbeits-umgebung Free Style Design hinsichtlich ihrer Qualität untersucht werden.

Reflexionen bei einer Standardverrundung

Reflexionen bei Verwendung von Chordal Fillet

Unter 'Conic parameter' kann der Wert für die Abstandsverrundung eingegeben werden. Damit ist es möglich die Krümmungsstetigkeit zu beeinflussen. Im nebenstehenden Beispiel ist der Einfluss auf die Mapping-Analyse ersichtlich.

7.3 Chamfer

Mit dem Befehl 'CHAMFER' kann eine Fase an einer scharfen Bauteilkante angebracht werden.

 Chamfer

Dabei kann die Fase entweder über die Angabe einer Länge und eines Winkels, oder über die Eingabe von zwei Längen definiert werden.

Auch bei der Fase gilt, dass sie örtlich so früh wie möglich im Strukturbaum angebracht werden sollte. Damit ist sie nur von den Teilflächen des Volumenkörpers abhängig, die sie verändert. Das führt zu mathematisch stabilen und änderungsfreundlichen Modellen.

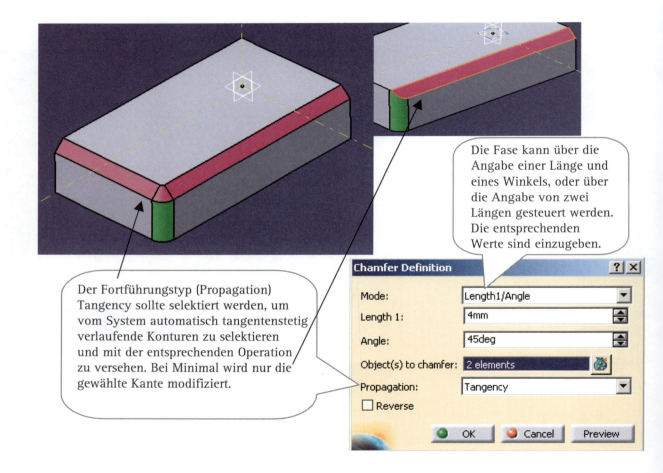

Der Fortführungstyp (Propagation) Tangency sollte selektiert werden, um vom System automatisch tangentenstetig verlaufende Konturen zu selektieren und mit der entsprechenden Operation zu versehen. Bei Minimal wird nur die gewählte Kante modifiziert.

Die Fase kann über die Angabe einer Länge und eines Winkels, oder über die Angabe von zwei Längen gesteuert werden. Die entsprechenden Werte sind einzugeben.

7.4 Draft Angle

Mit dem Befehl DRAFT können eine oder mehrere Teilflächen eines Volumenkörpers mit einer Ausformschräge versehen werden. Dabei steht folgende Workbench zur Verfügung:

Die Operation Draft sollte immer unmittelbar auf den Volumenkörper folgen, dessen Teilflächen sie verändert. Sie hat von allen Operationen die höchste Priorität.

Es sollte weiters versucht werden, mit so wenig Eingangsparametern wie möglich das Auslangen zu finden. Bevorzugt ist also mit dem Icon 'DRAFT ANGLE' eine konstante Ausformschräge zu erzeugen.

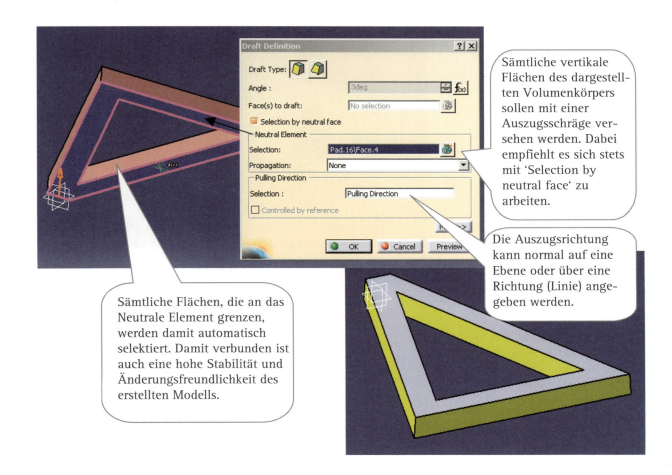

Sämtliche vertikale Flächen des dargestellten Volumenkörpers sollen mit einer Auszugsschräge versehen werden. Dabei empfiehlt es sich stets mit 'Selection by neutral face' zu arbeiten.

Sämtliche Flächen, die an das Neutrale Element grenzen, werden damit automatisch selektiert. Damit verbunden ist auch eine hohe Stabilität und Änderungsfreundlichkeit des erstellten Modells.

Die Auszugsrichtung kann normal auf eine Ebene oder über eine Richtung (Linie) angegeben werden.

Bei der Auswahl der mit einer Ausformschräge zu versehenden Teilflächen sollte stets über die Option 'Selection by neutral face' vorgegangen werden. Damit werden automatisch alle an die Teilungsebene angrenzenden Teilflächen selektiert. Dies führt zu einer mathematisch stabilen Beschreibung der Entformschräge, da Änderungen in der Geometrie des betroffenen Volumenkörpers bei der Operation der Ausformschräge automatisch berücksichtigt werden.

Nebenstehendes Beispiel veranschaulicht diesen Sachverhalt.

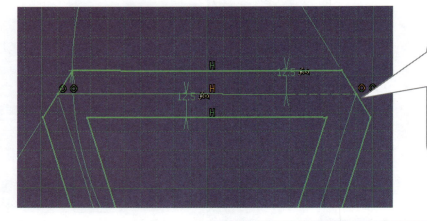

In der Skizze des Volumenkörpers werden zwei Fasen ergänzt. Dies führt dazu, dass der Volumenkörper nunmehr über zwei weitere Teilflächen, die ebenso entformbar sein sollen, verfügt.

HINWEIS Um diese Richtlinie konsequent zu verfolgen, ist es jedoch notwendig, die einzelnen Teilkörper der Konstruktion stets über einen neu eingefügten 'Body' zu definieren. Diese Teilkörper werden dann über die Boolesche Operation 'Assemble' zusammengebaut.

Da in der Definition der Auszugsschräge die Option 'Selection by neutral face' aktiviert war, werden die beiden neuen Flächen automatisch mit einer Entformschräge versehen.

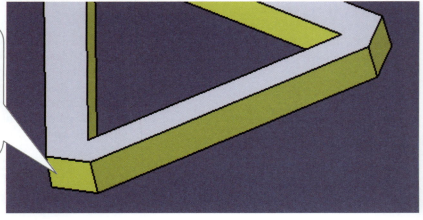

7.4 Draft Angle

Draft Reflect Line

Über den Befehl 'DRAFT REFLECT LINE' können auf eine oder mehrere Flächen eines Volumenkörpers eine Ausformschräge mit Reflexionslinie definiert werden.

DRAFT REFLECT LINE

Die entformbare Fläche besitzt einen konstanten Ausformwinkel und kann an einem Trennelement 'Parting element' begrenzt werden.

HINWEIS Das Parting Element kann bei allen Befehlen zur Auszugsschräge auch eine beliebige Fläche sein, die jedoch den Körper zur Gänze schneiden muss.

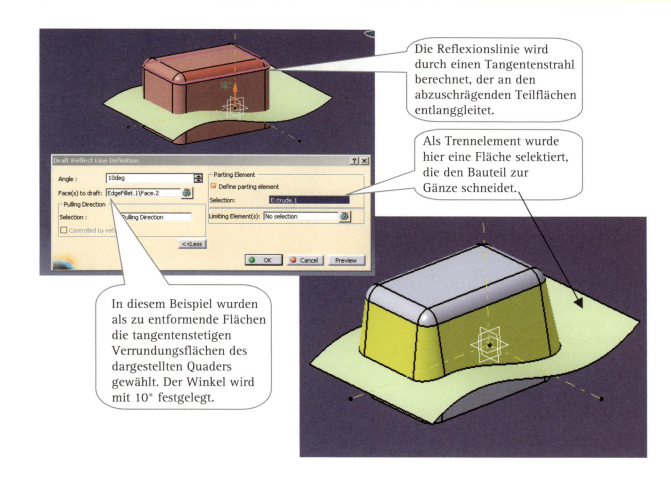

Die Reflexionslinie wird durch einen Tangentenstrahl berechnet, der an den abzuschrägenden Teilflächen entlanggleitet.

Als Trennelement wurde hier eine Fläche selektiert, die den Bauteil zur Gänze schneidet.

In diesem Beispiel wurden als zu entformende Flächen die tangentenstetigen Verrundungsflächen des dargestellten Quaders gewählt. Der Winkel wird mit 10° festgelegt.

Variable Angle Draft

Mit diesem Befehl kann auf eine oder mehrere Teilflächen eine Ausformschräge angebracht werden, die mehrere unterschiedliche Ausformwinkel besitzt. Der Befehl ist vergleichbar mit der variablen Kantenverrundung.

   Variable Angle Draft

Auf der neutralen Kurve, die als Verschneidung des neutralen Elements mit der gewählten Fläche entsteht, können beliebig viele Stützpunkte indiziert oder über 3D-Punkte und Ebenen definiert werden. Der Winkelverlauf zwischen den Stützpunkten mit unterschiedlichen Winkelwerten ist nicht linear.

Im nebenstehenden Beispiel ist für die Seitenfläche des Quaders eine variable Entformschräge definiert.

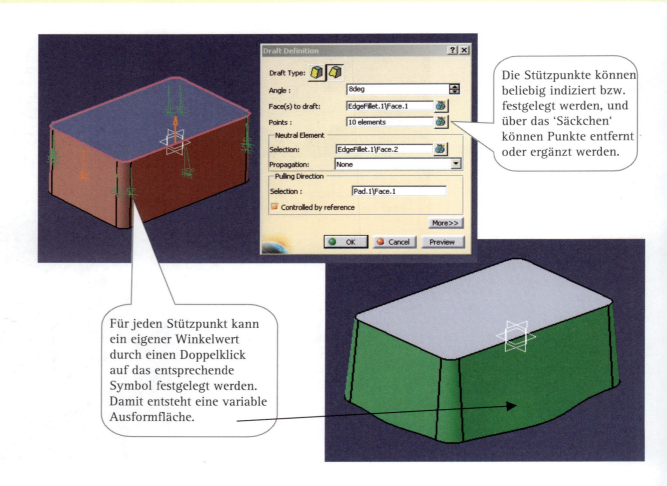

Die Stützpunkte können beliebig indiziert bzw. festgelegt werden, und über das 'Säckchen' können Punkte entfernt oder ergänzt werden.

Für jeden Stützpunkt kann ein eigener Winkelwert durch einen Doppelklick auf das entsprechende Symbol festgelegt werden. Damit entsteht eine variable Ausformfläche.

7.5 Shell

Mit dem Befehl SHELL kann ein Volumenkörper ausgehöhlt werden. Für jede Teilfläche des Volumenkörpers kann definiert werden, ob eine Wand oder ob eine Öffnung entstehen soll. Standardmäßig bleiben alle Wände erhalten.

   SHELL

In der Reihenfolge der Operationen sollte der Befehl SHELL im Strukturbaum erst nach einem DRAFT oder einem FILLET angebracht werden. Der Grund dafür liegt darin, dass bei dieser Vorgangsweise die Entformschräge und die Verrundung auf die neu entstehenden Flächen transformiert werden. Über das Kontextmenü und Auswahl des Eintrags 'Reorder' kann die Operation Shell auch im Nachhinein an die gewünschte Stelle verschoben werden.

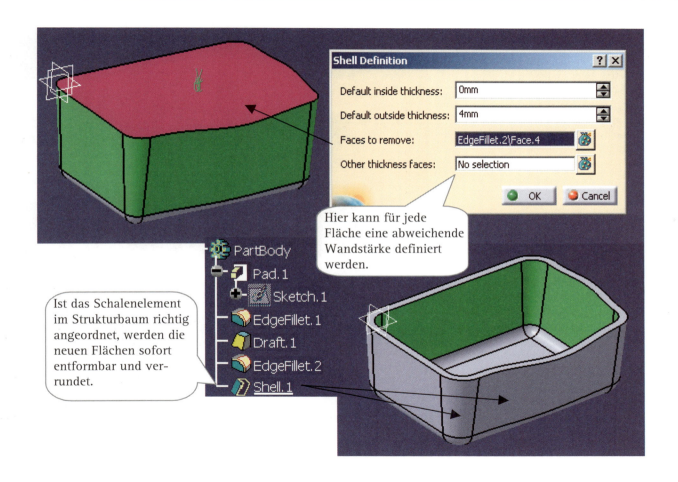

7.6 Thickness

Mit dem Befehl THICKNESS kann an einer oder mehreren Flächen eines Volumenkörpers Material aufgetragen oder abgetragen werden.

 Thickness

Der Aufmaßwert kann positiv für Materialauftragung bzw. negativ für Materialabtragung eingegeben werden. Tangentenstetig zusammenhängende Flächen können dabei nur mit demselben Aufmaß versehen werden.

HINWEIS Innerhalb des Eingabefeldes 'Other thickness faces' können beliebig viele Flächen mit unterschiedlichen Aufmaßen versehen werden.

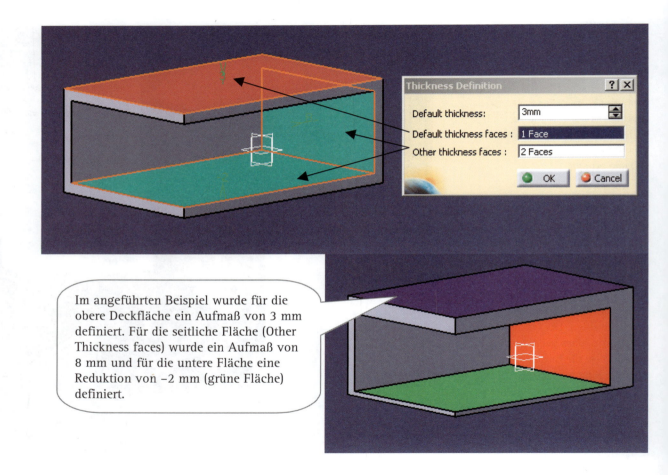

Im angeführten Beispiel wurde für die obere Deckfläche ein Aufmaß von 3 mm definiert. Für die seitliche Fläche (Other Thickness faces) wurde ein Aufmaß von 8 mm und für die untere Fläche eine Reduktion von –2 mm (grüne Fläche) definiert.

7.7 Thread/Tap

Mit dem Befehl THREAD/TAP kann für einen Bolzen oder eine Bohrung ein Gewinde definiert werden.

 THREAD/TAP

Dabei sind zwei Teilflächen des Volumenkörpers zu selektieren. Eine Mantelfläche (Lateral face), auf der das Gewinde liegt, und eine Begrenzungsfläche (Limit face) von der aus die Parameter aufgetragen werden. Bei einer Bohrung erfolgt die Gewindedefinition zumeist schon in der dort zur Verfügung stehenden Funktionalität. Das so definierte Gewinde wird bei einer anschließend erstellten Werkstättenzeichnung des Bauteils normgerecht dargestellt.

TIPP Mit dem Icon ‚Thread Analysis' ist eine Analyse des Gewindes im 3D-Modell möglich.

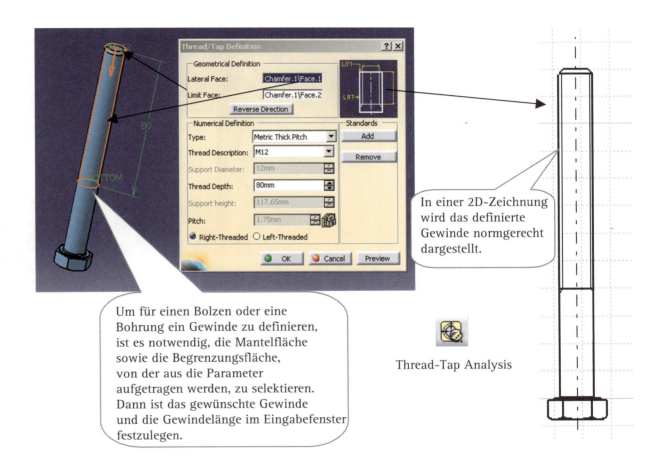

Um für einen Bolzen oder eine Bohrung ein Gewinde zu definieren, ist es notwendig, die Mantelfläche sowie die Begrenzungsfläche, von der aus die Parameter aufgetragen werden, zu selektieren. Dann ist das gewünschte Gewinde und die Gewindelänge im Eingabefenster festzulegen.

In einer 2D-Zeichnung wird das definierte Gewinde normgerecht dargestellt.

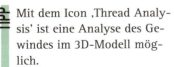

Thread-Tap Analysis

7.8 Remove Face

Mit der Operation 'REMOVE FACE' können eine oder mehrere Teilflächen eines Volumenkörpers entfernt werden.

 Remove Face

Bei dieser Vereinfachung der Hüllgeometrie werden zu entfernende Teilflächen rosa und beizubehaltende Teilflächen türkis dargestellt.

HINWEIS Oftmals ist das Ergebnis der Operation 'REMOVE FACE' wesentlich einfacher über eine Änderung der Elterngeometrie des entsprechenden Volumenkörpers zu erreichen. Dies führt auch zu einem stabileren Modell.

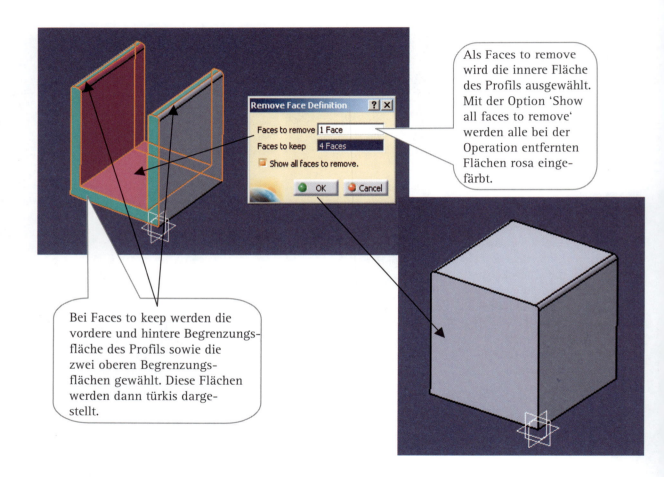

Als Faces to remove wird die innere Fläche des Profils ausgewählt. Mit der Option 'Show all faces to remove' werden alle bei der Operation entfernten Flächen rosa eingefärbt.

Bei Faces to keep werden die vordere und hintere Begrenzungsfläche des Profils sowie die zwei oberen Begrenzungsflächen gewählt. Diese Flächen werden dann türkis dargestellt.

7.9 Replace Face

Mit der Operation 'REPLACE FACE' können eine oder mehrere Teilflächen eines Volumenkörpers ersetzt werden.

 REPLACE FACE

In dieser Operation gibt es den zusätzlichen Parameter der Orientierung. Die Orientierung (dargestellt durch einen Pfeil) bestimmt diejenige Seite, an der Material bestehen bleibt.

Auch diese Operation ist meistens einfacher durch eine Änderung der Eingangsparameter des Volumenkörpers zu erstellen. Im angeführten Beispiel könnte der Block auch mit der Einstellung 'Up to surface' erstellt werden, was schlussendlich zum gleichen Ergebnis führt.

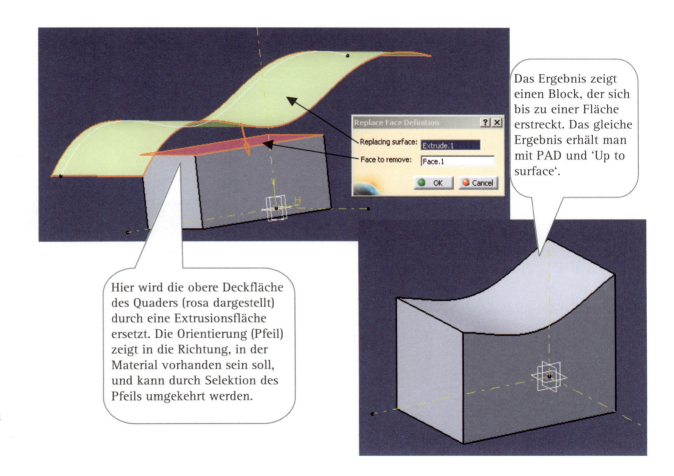

Das Ergebnis zeigt einen Block, der sich bis zu einer Fläche erstreckt. Das gleiche Ergebnis erhält man mit PAD und 'Up to surface'.

Hier wird die obere Deckfläche des Quaders (rosa dargestellt) durch eine Extrusionsfläche ersetzt. Die Orientierung (Pfeil) zeigt in die Richtung, in der Material vorhanden sein soll, und kann durch Selektion des Pfeils umgekehrt werden.

7.10 Boolean Operations

Mit Hilfe der Booleschen Operationen können einzelne Volumenkörper kombiniert werden. Zu den Booleschen Operationen gehören:

- Assemble
- Add
- Remove
- Intersect
- Union Trim
- Remove Lump

Folgende Arbeitskästen stehen zur Auswahl:

Boolean Operations

Mit der Operation ASSEMBLE werden zwei Volumenkörper zusammengebaut. Handelt es sich bei einem der beiden Körper um einen Negativteil, wird dieser automatisch abgezogen, es resultiert daraus eine Subtraktion. Sind beide Volumen Positivkörper, resultiert daraus eine Addition.

Es ist vorteilhaft, über das Kontextmenü und 'Define In Work Object' jenen Körper nach dem die Boolesche Operation eingefügt werden soll, in Bearbeitung zu definieren.

Die Boolesche Operation steht damit auf der gleichen Hierarchiestufe wie der aktiv gesetzte Teil im Strukturbaum.

 Das Aktivieren ist vor allem dann notwendig, wenn es sich um eine andere Boolesche Operation handelt, da diese über das standardmäßige Eingabefenster nicht ausgewählt werden kann.

Das unten angeführte Beispiel zeigt diesen Sachverhalt für das im Kapitel 5 beschriebene Einstiegsbeispiel eines Pleuels mit mehreren Bearbeitungsschritten.

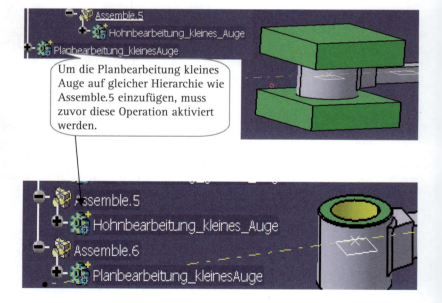

7.10 Boolean Operations 149

Mit den Booleschen Operationen ADD, SUBTRACT und INTERSECT können zwei Volumenkörper unterschiedlich miteinander kombiniert werden.

ADD

SUBTRACT

INTERSECT

Das angeführte Beispiel veranschaulicht die Wirkungsweise der Addition, der Subtraktion und des gemeinsamen Schnittkörpers.

 Über das Kontextmenü ist es auch möglich, die Boolesche Operation umzuwandeln. So kann die Addition in eine Subtraktion geändert werden.

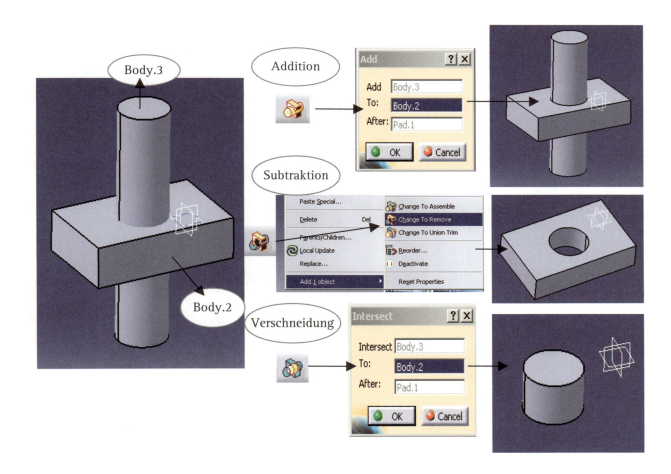

Union Trim

Mit der Booleschen Operation 'UNION TRIM' können zwei Volumenkörper kombiniert und getrimmt werden.

 UNION TRIM

Im Eingabefenster der Funktion gibt es ein Feld 'Faces to remove', in dem die Flächen ausgewählt werden, die verschwinden sollen, und ein Feld 'Faces to keep', in dem die Flächen selektiert werden, die bei der Operation erhalten bleiben. Ausgehend von der gewählten Fläche wird zum anderen Körper hin solange Material entfernt bzw. beibehalten, bis eine zum anderen Körper gehörende Fläche zur Gänze schneidet.

Im nebenstehenden Bild sieht man die Möglichkeiten bei 'UNION TRIM' dargestellt.

Die beiden Volumenkörper sollen vereinigt und getrimmt werden.

Je nachdem, ob mit 'Faces to remove' oder mit 'Faces to keep' gearbeitet wird, ergeben sich unterschiedliche Lösungsvarianten. Es ist auch möglich, nur den oberen oder den unteren Teil des Zylinders zu erhalten.

7.10 Boolean Operations

Remove Lump

Mit diesem Befehl ist es möglich, nicht benötigte Hohlräume eines Körpers zu entfernen. Speziell bei einer gussgerechten Konstruktion ist dies von entscheidender Bedeutung.

 REMOVE LUMP

Diese zu den Booleschen Operationen gehörende Funktion ist auch auf einen einzelnen Teil anwendbar.

Dabei werden ausgehend von einer selektierten Fläche alle nicht an diese angrenzenden Teilflächen entweder entfernt (bei 'Faces to keep'), oder es wird nur diese nicht angrenzende Teilfläche beibehalten (bei 'Faces to remove').

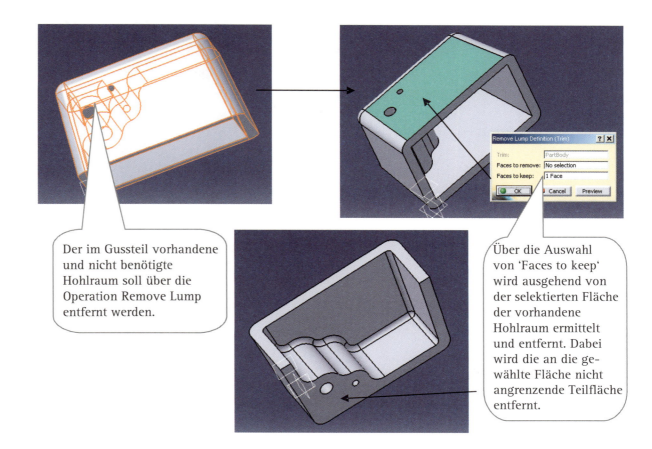

Der im Gussteil vorhandene und nicht benötigte Hohlraum soll über die Operation Remove Lump entfernt werden.

Über die Auswahl von 'Faces to keep' wird ausgehend von der selektierten Fläche der vorhandene Hohlraum ermittelt und entfernt. Dabei wird die an die gewählte Fläche nicht angrenzende Teilfläche entfernt.

8 Transformationskomponenten

8.1 Translation

Mit dem Befehl 'TRANSLATION' kann die Lage eines Volumenkörpers im Modell verändert werden.

TRANSLATION

Bei der Verschiebung ist es notwendig, diese über ein Richtungselement, zwei Punkte oder einen Vektor zu beschreiben.

Falls bei einer Geometrieänderung eines der Führungselemente zur Definition der Verschiebung verschwindet, ist die Translation nicht mehr korrekt durchführbar.

Nebenstehende Übersicht zeigt die unterschiedlichen Möglichkeiten bei der Definition der Translation.

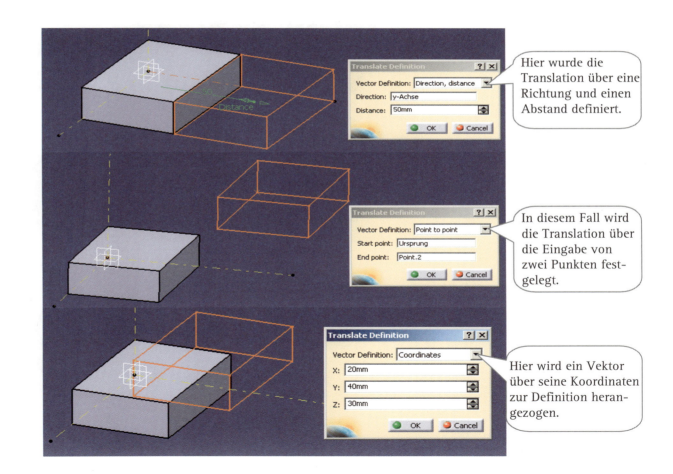

Hier wurde die Translation über eine Richtung und einen Abstand definiert.

In diesem Fall wird die Translation über die Eingabe von zwei Punkten festgelegt.

Hier wird ein Vektor über seine Koordinaten zur Definition herangezogen.

8.2 Rotation

Mit dem Befehl 'ROTATION' kann analog zur Verschiebung die Rotation eines Volumenkörpers im Modell durchgeführt werden.

 Rotation

Dabei ist bei der Definition der Drehung die Rotationsachse sowie der entsprechende Winkel einzugeben.

Die Vorgangsweise beim Befehl Rotation ist in der dargestellten Grafik ersichtlich.

HINWEIS Die Systemmeldung, die auf andere Möglichkeiten bei der TRANSFORMATION und bei der ROTATION hinweist, kann mit Yes bestätigt werden.

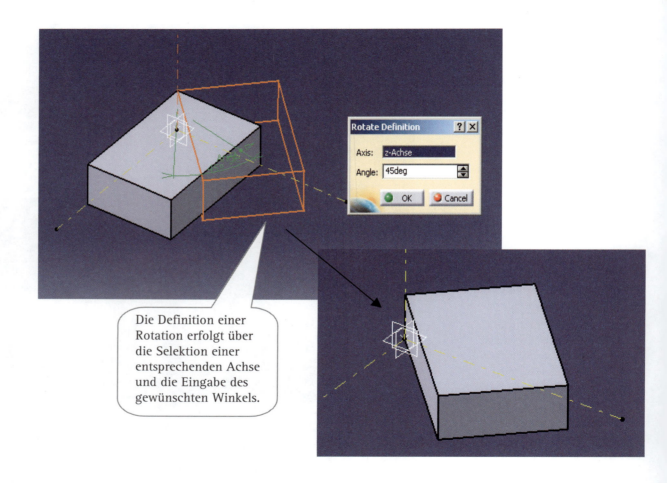

Die Definition einer Rotation erfolgt über die Selektion einer entsprechenden Achse und die Eingabe des gewünschten Winkels.

8.3 Symmetry

Über den Befehl 'SYMMETRY' kann ein spiegelsymmetrisches Abbild des vorhandenen Volumenkörpers erzeugt werden.

SYMMETRY

Im Eingabefenster ist im Feld 'Reference' ein Punkt, eine Linie oder eine Ebene als Führungselement zu selektieren.

Bei einem Punkt erfolgt eine Punktspiegelung, bei einer Linie eine Rotation um 180° und bei der Wahl einer Ebene eine tatsächliche Spiegelung.

Bei der Spiegelung wird die ursprüngliche Geometrie nicht mehr dargestellt.

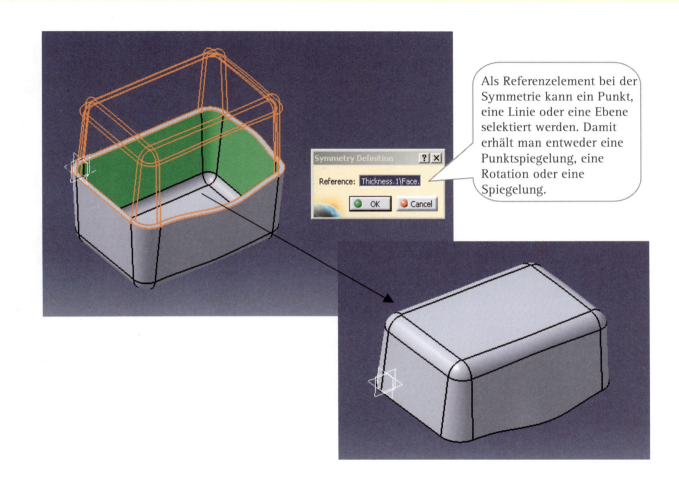

Als Referenzelement bei der Symmetrie kann ein Punkt, eine Linie oder eine Ebene selektiert werden. Damit erhält man entweder eine Punktspiegelung, eine Rotation oder eine Spiegelung.

8.4 Mirror

Mit dem Befehl 'MIRROR' kann eine Spiegelung eines Volumenkörpers erzeugt werden, wobei die ursprüngliche Geometrie und die neue Geometrie vereinigt werden.

MIRROR

In diesem Fall muss zuerst das Symmetrieelement selektiert werden, erst dann erscheint das entsprechende Eingabefenster.

HINWEIS Soll nur ein Teilkörper mit dem Befehl MIRROR gespiegelt werden, so muss dieser zuvor im Strukturbaum selektiert werden. Danach erfolgt erst die Auswahl des Spiegelelementes. Das Feld 'Object to mirror' kann nämlich nicht editiert werden.

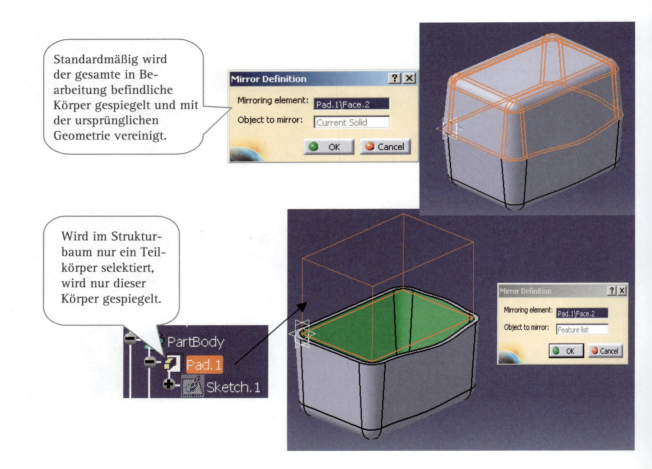

Standardmäßig wird der gesamte in Bearbeitung befindliche Körper gespiegelt und mit der ursprünglichen Geometrie vereinigt.

Wird im Strukturbaum nur ein Teilkörper selektiert, wird nur dieser Körper gespiegelt.

8.5 Rectangular Pattern

Der Befehl 'Rectangular Pattern' ist eine Transformationsoperation, die es ermöglicht einen einzelnen oder zusammengesetzten Volumenkörper zu vervielfältigen.

 Rectangular Pattern

Das Rechteckmuster kann dabei in zwei Richtungen definiert werden. Diese Richtungen können beliebig über Referenzelemente festgelegt werden.

Im nebenstehenden Beispiel wird der Zylinderkopf für einen 4-Zylindermotor gemustert. Dieses Muster wird nur in einer Richtung definiert.

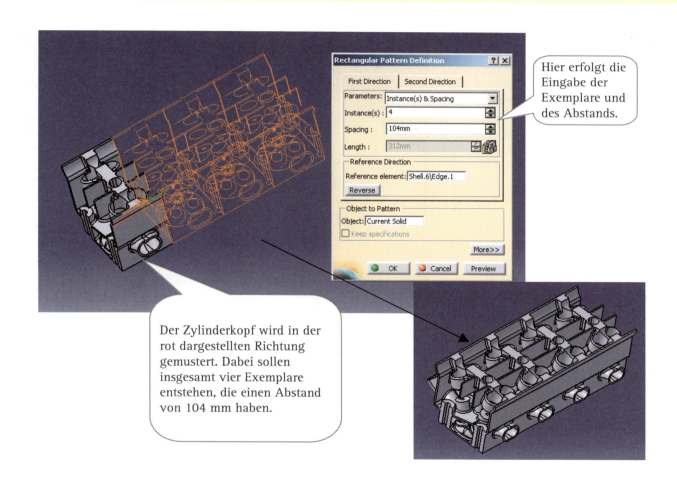

Hier erfolgt die Eingabe der Exemplare und des Abstands.

Der Zylinderkopf wird in der rot dargestellten Richtung gemustert. Dabei sollen insgesamt vier Exemplare entstehen, die einen Abstand von 104 mm haben.

Im Eingabefenster für das Rechteckmuster gibt es weitere wichtige Definitionsmöglichkeiten.

Als 'Reference Element' kann eine Linie, Kante oder Ebene selektiert werden.

Über den orange eingeblendeten Schwerpunkt jedes einzelnen Elements des Musters können die Abstände variiert und einzelne Elemente deaktiviert werden.

Über die Option 'Keep specifications' übernehmen alle Elemente des Musters die Spezifikationen der Elterngeometrie.

Über die Parameter 'Instance', 'Length' und 'Spacing' wird die Anzahl der Elemente und der Abstand der Schwerpunkte festgelegt. Es sind immer nur jeweils zwei Parameter freigeschaltet.

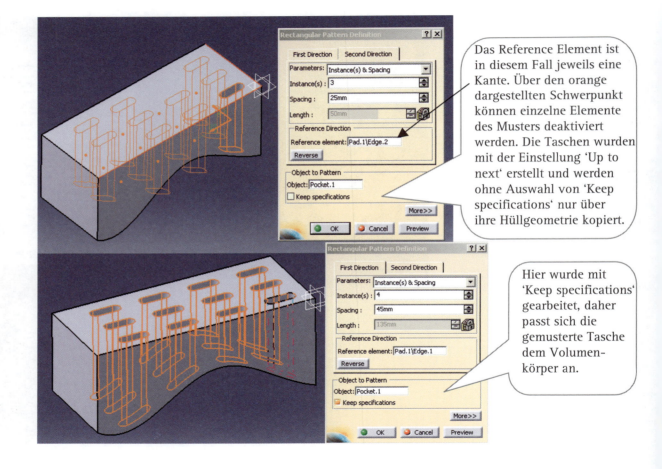

Das Reference Element ist in diesem Fall jeweils eine Kante. Über den orange dargestellten Schwerpunkt können einzelne Elemente des Musters deaktiviert werden. Die Taschen wurden mit der Einstellung 'Up to next' erstellt und werden ohne Auswahl von 'Keep specifications' nur über ihre Hüllgeometrie kopiert.

Hier wurde mit 'Keep specifications' gearbeitet, daher passt sich die gemusterte Tasche dem Volumenkörper an.

8.6 Circular Pattern

Analog zum Rechteckmuster kann mit dem Befehl 'CIRCULAR PATTERN' ein Kreismuster erzeugt werden.

CIRCULAR PATTERN

Die Vorgangsweise ist ähnlich wie zuvor dargestellt. Wiederum ist zuerst der zu musternde Volumenkörper zu selektieren. Als 'Reference element' kann eine Zylinderfläche, eine Ebene oder eine Linie gewählt werden. Bei der Auswahl einer Ebene wird die Normale auf diese Ebene als Referenz verwendet. Sollen die Elemente um einen Winkel von 360° gleichmäßig verteilt werden, empfiehlt sich die Einstellung 'Complete crown', womit der Teilungswinkel über die Anzahl der Elemente automatisch errechnet wird.

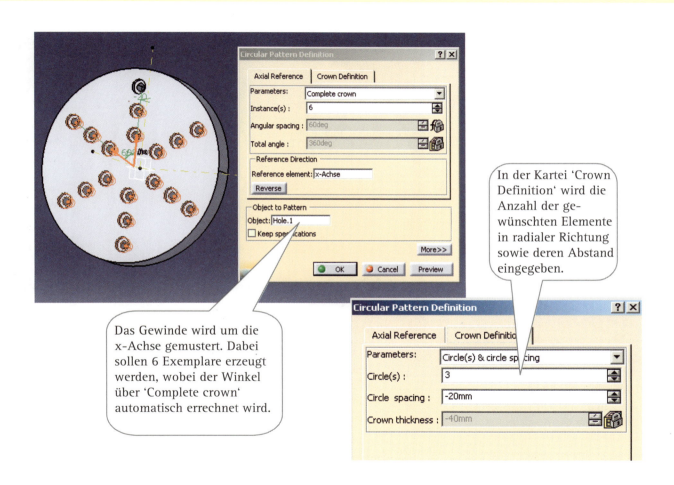

Das Gewinde wird um die x-Achse gemustert. Dabei sollen 6 Exemplare erzeugt werden, wobei der Winkel über 'Complete crown' automatisch errechnet wird.

In der Kartei 'Crown Definition' wird die Anzahl der gewünschten Elemente in radialer Richtung sowie deren Abstand eingegeben.

8.7 User Pattern

Damit wird ein Muster erzeugt, das vom Anwender beliebig bestimmt werden kann.

 USER PATTERN

Beim Befehl 'USER PATTERN' ist als Referenzelement eine Skizze zu selektieren. In dieser Skizze dürfen als Konstruktionselemente nur Punkte vorhanden sein. Das Muster wird dann anhand dieser Punkte positioniert.

Über das Eingabefeld 'Anchor point' kann ein anderer Startpunkt als der Schwerpunkt des zu musternden Volumenkörpers für das Muster bestimmt werden.

Über 'Keep Specifications' kann wiederum eine sich anpassende Berechnung der Ausdehnung erhalten werden.

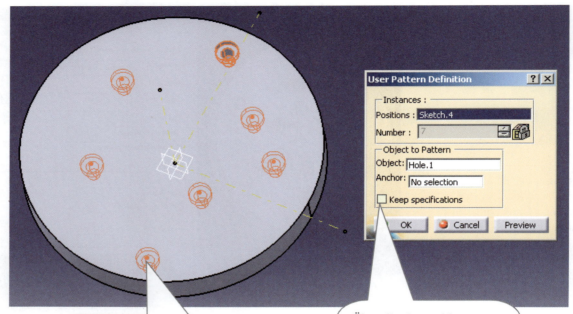

Die Punkte einer Skizze steuern beim benutzerdefinierten Muster die Lage der einzelnen Elemente im Ergebnis.

Über die Auswahl von Keep Specifications wird erreicht, dass sich die Ausdehnungen der einzelnen Elemente des Musters an die Geometrie anpassen.

8.8 Scaling

Über den Befehl SCALING kann ein Volumenkörper skaliert, das heißt in einem definierten Verhältnis vergrößert oder verkleinert werden.

  SCALING

Als Referenzelement kann ein Punkt oder eine Ebene selektiert werden. Bei der Selektion einer Ebene wird der Volumenkörper nur in der Richtung normal auf diese Ebene modifiziert.

Über das Eingabefeld 'Ratio' wird der Skalierungsfaktor definiert.

HINWEIS Wird als Ratio ein negativer Wert eingegeben, führt dies zu einer Punktspiegelung.

Als Referenz wurde der rechte untere Punkt des Zylinderkopfs gewählt.

Die Eingabe eines Ratios von 0.5 führt zu einer Verkleinerung auf die Hälfte.

8.9 Mustern eines Solids inklusive Operationen

HINWEIS Diese Möglichkeit funktioniert stabil erst seit der R19!

Es besteht auch die Möglichkeit ein Kreismuster eines Volumenfeatures inklusive einer oder mehrerer Operationen durchzuführen. Dazu werden bei gedrückter Steuerungstaste alle gewünschten Elemente im Strukturbaum selektiert. Ändert sich nachträglich ein Parameterwert einer Operation, so wird diese Änderung auch auf alle Exemplare des Musters transformiert.

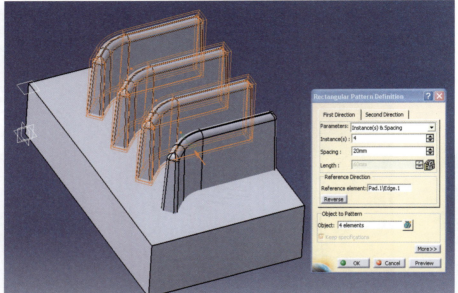

Die geänderten Parameterwerte bei den Operationen werden auf sämtliche Exemplare des Musters angewendet.

Beim dargestellten Muster einer Verrippung wurden für die Musterung sowohl der Block als auch die Operationen der Entformschräge und die beiden Radien selektiert. Nachträglich kann jederzeit eine der Operationen geändert werden, womit auch eine Neuberechnung des Musters erfolgt.

9 Flächenbasierende Komponenten

9.1 Split

Die flächenbasierenden Komponenten (Surface based features) SPLIT und SEW SURFACE benötigen an erster Stelle einen Volumenkörper, ohne den sie nicht anwendbar sind.

Die Befehle THICK SURFACE sowie CLOSE SURFACE dienen dazu, eine Flächenkonstruktion in einen Volumenkörper umzuwandeln.

Beim Befehl SPLIT wird ein Volumenkörper an einer Ebene oder einer Fläche geschnitten, und es wird nur ein Teil des Körpers erhalten.

   SPLIT

Das 'Splitting element' kann eine Ebene oder eine Fläche sein, die den Volumenkörper jedoch zur Gänze schneiden muss, da ansonsten die Geometrie nicht errechnet werden kann.

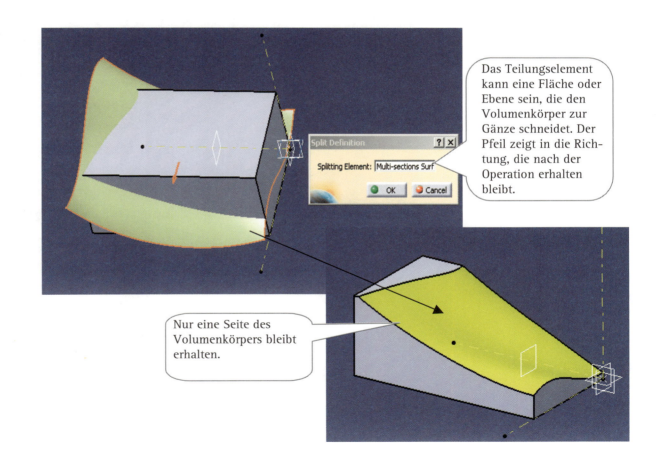

Das Teilungselement kann eine Fläche oder Ebene sein, die den Volumenkörper zur Gänze schneidet. Der Pfeil zeigt in die Richtung, die nach der Operation erhalten bleibt.

Nur eine Seite des Volumenkörpers bleibt erhalten.

9.2 Thick Surface

Mit dem Befehl Thick Surface wird eine Flächenkonstruktion in einen Volumenkörper umgewandelt, indem die Fläche mit einer Wandstärke versehen wird.

 Thick Surface

Dabei kann die Fläche mit zwei Offset-Werten, in Richtung normal auf die Fläche, versehen werden. Damit entsteht aus der beliebig geformten Fläche ein Blechteil mit definierter Wandstärke.

In der Abbildung sind die Eingabemöglichkeiten beim Befehl THICK SURFACE ersichtlich.

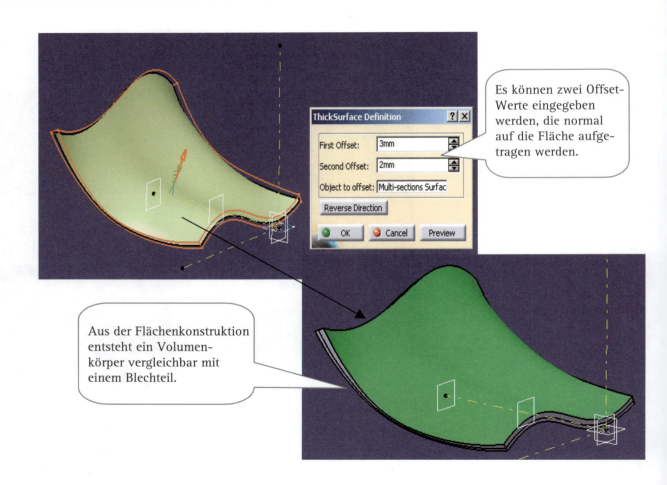

Es können zwei Offset-Werte eingegeben werden, die normal auf die Fläche aufgetragen werden.

Aus der Flächenkonstruktion entsteht ein Volumenkörper vergleichbar mit einem Blechteil.

9.3 Close Surface

Mit dem Befehl CLOSE SURFACE kann eine Flächenkonstruktion, die zumeist mit dem Befehl 'Multi Sections Surface' erstellt wurde, geschlossen werden.

 CLOSE SURFACE

Dabei werden automatisch die Grund- und Deckfläche ergänzt und es entsteht damit ein Volumenkörper.

Es ist auch möglich, einen Flächenverband (Join) zu selektieren, bei dem nur eine Fläche ergänzt werden muss, um ein geschlossenes Volumen zu erhalten.

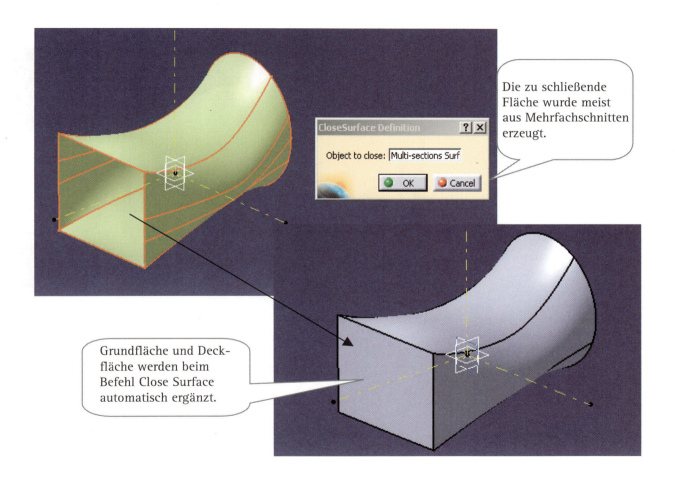

Die zu schließende Fläche wurde meist aus Mehrfachschnitten erzeugt.

Grundfläche und Deckfläche werden beim Befehl Close Surface automatisch ergänzt.

9.4 Sew Surface

Mit der Operation Sew Surface kann Material von einer Fläche auf einen Volumenkörper hin ergänzt oder entfernt werden.

   SEW SURFACE

Ist die Option 'Intersect Body' aktiviert, entspricht die Operation dem Befehl SPLIT.

Meist wird mit deaktivierter Funktion 'Intersect Body' gearbeitet. In diesem Fall wird je nach Lage der Fläche Material hinzugefügt oder entfernt und es kann auch eine Kombination der beiden Möglichkeiten resultieren.

Der orange dargestellte Pfeil weist in jene Richtung, in der die Fläche auf den Volumenkörper aufgenäht wird.

Auch bei dieser Funktion ist es notwendig, dass bereits ein Volumenkörper vorhanden ist.

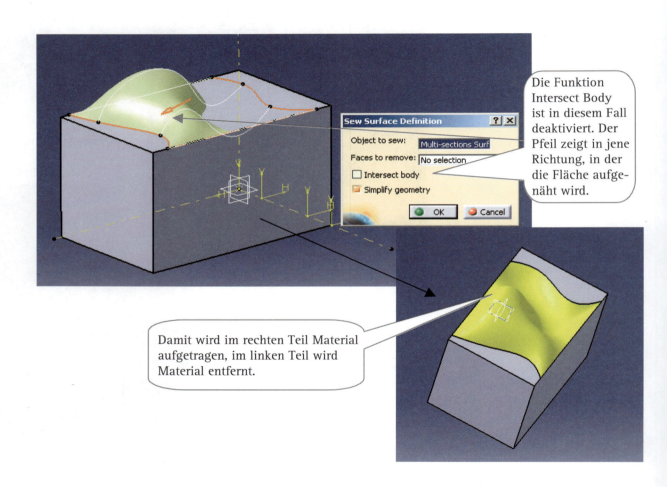

Die Funktion Intersect Body ist in diesem Fall deaktiviert. Der Pfeil zeigt in jene Richtung, in der die Fläche aufgenäht wird.

Damit wird im rechten Teil Material aufgetragen, im linken Teil wird Material entfernt.

9.4 Sew Surface

Die Operation SEW SURFACE hat auch eine wichtige Funktion bei FEM-Berechnungen. Damit kann nämlich eine Teilfläche eines Körpers in mehrere Bereiche untergliedert werden. Dies ist notwendig, wenn beispielsweise eine Kraft nicht auf eine komplette Fläche wirken soll.

HINWEIS In diesem Fall muss die Option 'Simplify geometry' unbedingt deaktiviert werden.

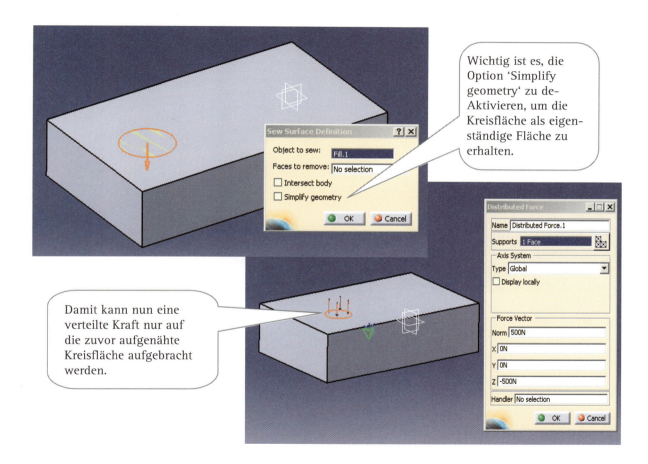

Wichtig ist es, die Option 'Simplify geometry' zu de-Aktivieren, um die Kreisfläche als eigenständige Fläche zu erhalten.

Damit kann nun eine verteilte Kraft nur auf die zuvor aufgenähte Kreisfläche aufgebracht werden.

10 Quantifizierung

10.1 Funktionsleiste Measure

In diesem Kapitel werden sämtliche Möglichkeiten zur Bauteilquantifizierung erläutert.

Dazu gehören:

- Längen
- Abstände
- Radien
- Fläche
- Volumen
- Masse
- Schwerpunkt
- Trägheitsmomente

Alle diese Werte können mit den Befehlen der Funktionsleiste 'Measure' ermittelt werden.

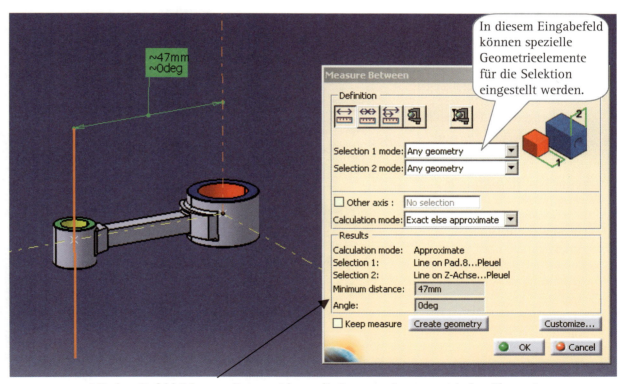

In diesem Eingabefeld können spezielle Geometrieelemente für die Selektion eingestellt werden.

Mit dem Befehl 'Measure Between' kann die Lage zweier geometrischer Elemente zueinander bestimmt werden. Es wird standardmäßig der geringste Abstand angezeigt.

Mit dem Icon 'MEASURE BETWEEN' werden zwei beliebige Geometrieelemente analysiert.

  MEASURE BETWEEN

Dabei können im nachfolgenden Eingabefenster verschiedene Einstellungen getroffen werden.

Mit der Einstellung ‚'Measure between in chain mode' wird eine kettenförmige Analyse erzeugt, die automatisch das zweite selektierte geometrische Element zum ersten der nächsten Messung macht.

Mit der Einstellung 'Measure between in fan mode' wird immer vom gleichen Bezugselement weg analysiert.

Mit dem Button 'Customize' können auch andere Werte als geringster Abstand und Winkel angezeigt werden.

Über den Button 'Customize' kann eingestellt werden, was alles angezeigt wird.

Über 'Create Geometry' kann die Analyse im Zeichenbereich dargestellt werden.

Mit 'Keep measure' wird das Ergebnis im Strukturbaum gespeichert.

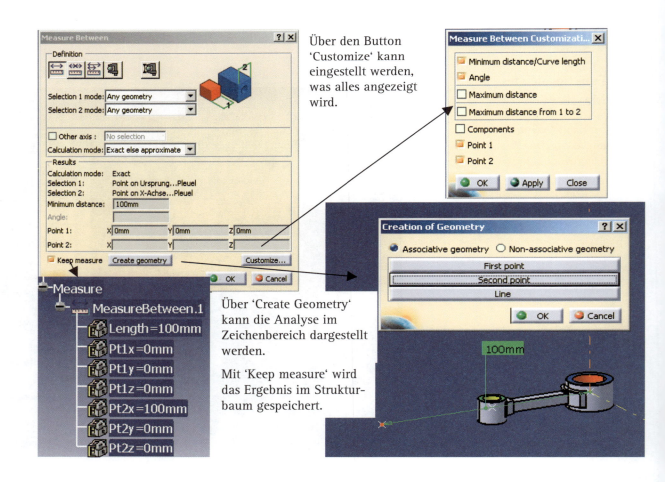

10.1 Funktionsleiste Measure

Mit dem Icon 'MEASURE ITEM' wird ein einzelnes geometrisches Element analysiert.

 MEASURE ITEM

Dabei kann jedes beliebige Element gewählt werden. Bei der Selektion einer Zylinderfläche erhält man auch den dazugehörigen Radius angezeigt.

Mit dem Icon 'MEASURE THE THICKNESS' wird die Stärke des selektierten geometrischen Elementes gemessen.

 MEASURE THE THICKNESS

Diese Analyseart ist vor allem bei Blechkonstruktionen sehr hilfreich, da damit sehr schnell die Wandstärken ermittelt werden können.

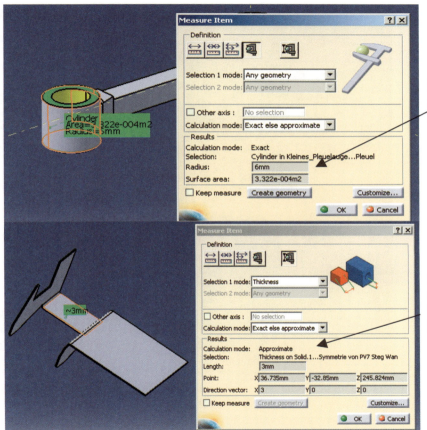

Mit ‚Measure item' wird ein selektiertes geometrisches Element genau quantifiziert.

Mit 'Measure the thickness' erhält man die zugehörige Wandstärke des selektierten Elements.

Mit dem Befehl 'Measure inertia' ist eine Trägheitsanalyse durchführbar.

 Measure Inertia

Dazu ist es vorher allerdings notwendig, der Volumenkonstruktion ein Material zuzuweisen. Dies erfolgt mit dem Icon 'Apply material' in der am unteren Bildschirmrand befindlichen Funktionsleiste.

 Apply Material

Dabei wird in der Kartei der Metalle der gewünschte Werkstoff gewählt und dem Körper über ‚'Drag and Drop' oder mit Kopieren und Einfügen zugewiesen.

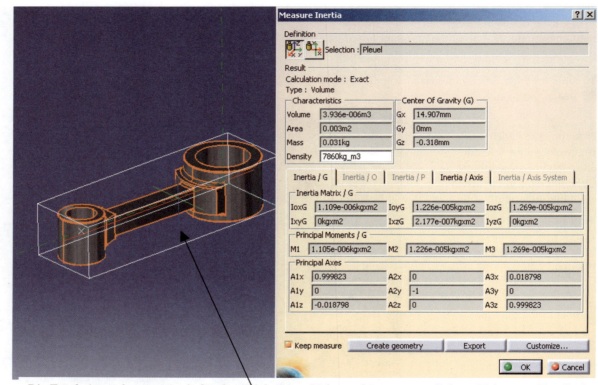

Die Trägheitsanalyse ermittelt für den selektierten Volumenkörper zusätzlich zu Volumen, Oberfläche und Masse die komplette Trägheitsmatrix mit Lage des Schwerpunkts, den Massenträgheitsmomenten sowie den Hauptträgheitsachsen.

10.1 Funktionsleiste Measure

Über den entsprechenden Eintrag im Strukturbaum und das Kontextmenü finden sich in der Kartei 'Analysis' die mechanischen Eigenschaften.

Hier ist vor allem der Wert für die Dichte (Density) von entscheidender Bedeutung für die Trägheitsanalyse.

Die Analyseergebnisse können über die Auswahl von 'Keep measure' im Strukturbaum gespeichert werden. Über 'Create Geometry' können assoziativ der Schwerpunkt sowie die Hauptträgheitsachsen erzeugt werden.

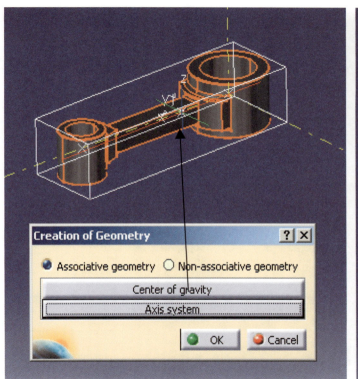

Über 'Create Geometry' können der Schwerpunkt sowie die Hauptträgheitsachsen assoziativ erzeugt werden. Die Trägheitsanalyse wird auch im Strukturbaum gespeichert.

Durch den Auswahlknopf 'MEASURE INERTIA 2D' im Auswahlfenster der Trägheitsanalyse ist auch eine Quantifizierung von Flächen und damit eine Ermittlung der Flächenträgheitsmomente möglich.

   MEASURE INERTIA 2D

Über die Flächenträgheitsmomente von beliebigen Querschnittsflächen können sehr schnell die auftretenden Spannungen innerhalb eines Bauteils abgeschätzt werden. Daher ist diese Quantifizierungsmöglichkeit von entscheidender Bedeutung.

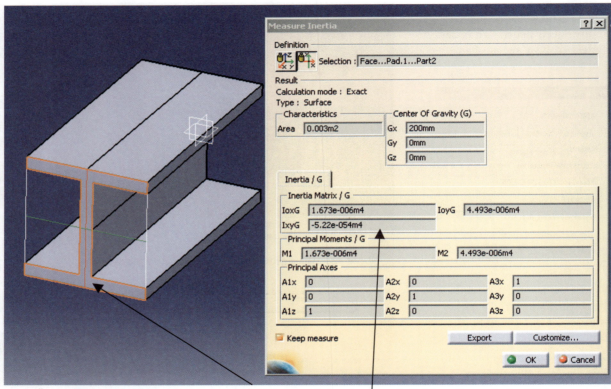

Über 'Measure Inertia 2D' können die Flächenträgheitsmomente beliebiger Querschnittsflächen ermittelt werden. Auch hier können die Ergebnisse mit 'Keep measure' gespeichert werden.

10.2 Funktionsleiste Analysis

In dieser Funktionsleiste befinden sich die Befehle um

- Entformung
- Krümmung
- Gewinde

zu analysieren.

Mit dem Befehl 'DRAFT ANALYSIS' kann die Entformbarkeit eines Bauteils überprüft werden. Dabei ist der Kompass entsprechend der Entformungsrichtung zu positionieren und dann das Icon aufzurufen.

 Draft Analysis

Zusätzlich muss eine Darstellungsvariante mit Material gewählt werden.

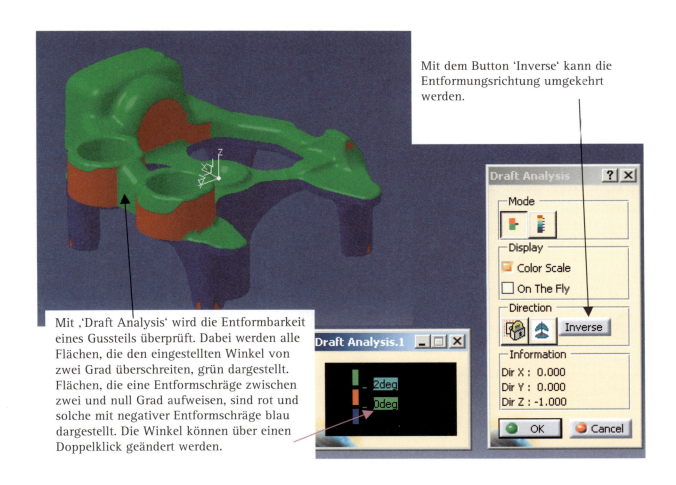

Mit dem Button 'Inverse' kann die Entformungsrichtung umgekehrt werden.

Mit ,'Draft Analysis' wird die Entformbarkeit eines Gussteils überprüft. Dabei werden alle Flächen, die den eingestellten Winkel von zwei Grad überschreiten, grün dargestellt. Flächen, die eine Entformschräge zwischen zwei und null Grad aufweisen, sind rot und solche mit negativer Entformschräge blau dargestellt. Die Winkel können über einen Doppelklick geändert werden.

HINWEIS Es ist meist einfacher, den Kompass an einer Linie auszurichten als an einer Fläche, auf die normal die Entformung erfolgen soll. Trotzdem ist es möglich, dass man diesen Vorgang mehrmals versuchen muss. Man sieht die Koordinaten der Entformungsrichtung auch im Fenster 'Draft Analysis' angezeigt.

Mit dem Icon 'CURVATURE ANALYSIS' können Krümmungsanalysen durchgeführt werden.

 CURVATURE ANALYSIS

Da dies hauptsächlich bei Flächenkonstruktionen notwendig ist, wird hier nicht näher darauf eingegangen.

Mit dem Befehl 'THREAD ANALYSIS' können im dreidimensionalen Arbeitsbereich Gewinde angezeigt werden.

 THREAD ANALYSIS

Eine normgerechte Darstellung dieser Gewinde erfolgt in einer zweidimensionalen Zeichnungsableitung.

11 Abschließendes Übungsbeispiel Part Design

11.1 Parametrisierter Kolben

In einem Übungsbeispiel sollen nun die zuvor erlernten Funktionen des Part Designs und der Konstruktionsmethodik gefestigt werden. Es handelt sich um einen Kolben für einen Verbrennungsmotor, der möglichst parametrisiert aufgebaut werden soll. Dabei sollen der Kolbendurchmesser, der Kolbenbolzendurchmesser, die Lage, Neigung und die Größe der Ventiltaschen für Einlass und Auslass, die Wandstärke des Kolbenbodens, der Abstand des Bolzens vom Boden und die Breite der Einstiche für Dichtringe und Ölabstreifring variierbar sein.

Das Volumenmodell soll über eine Steuergeometrie aufgebaut sein und möglichst kurze Abhängigkeitsketten aufweisen.

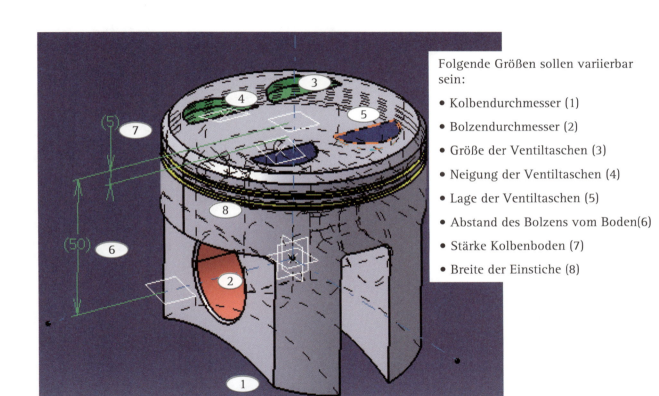

Folgende Größen sollen variierbar sein:

- Kolbendurchmesser (1)
- Bolzendurchmesser (2)
- Größe der Ventiltaschen (3)
- Neigung der Ventiltaschen (4)
- Lage der Ventiltaschen (5)
- Abstand des Bolzens vom Boden (6)
- Stärke Kolbenboden (7)
- Breite der Einstiche (8)

Erstellen Sie zuerst eine entsprechende Steuergeometrie und verknüpfen Sie diese mit den Parametern.

Anschließend bauen Sie den Volumenkörper möglichst nach der beschriebenen Konstruktionsmethodik. Achten Sie dabei auf kurze Abhängigkeitsketten und auf einen klar strukturierten Aufbau. Sie können sowohl mit Positiv- und Negativkörpern als auch mit Booleschen Operationen arbeiten.

Eine mögliche Lösung zum beschriebenen Beispiel findet sich in der Datei *'Kolben_Methodik.CATPart'*.

Überprüfen Sie auch die Wirkungsweise der Parameter, damit erhält man die unterschiedlichsten Kolbenvarianten.

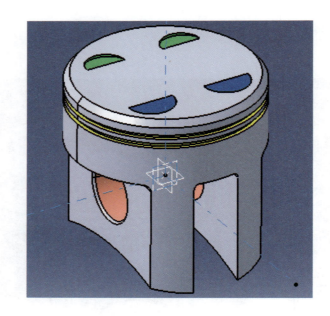

12 Zeichnungserstellung

12.1 Erstellung eines Blattes

Die Zeichnungserstellung beginnt mit dem Wechsel in die Arbeitsumgebung Drafting.

Dies kann entweder über die Favoriten im Startfenster, über die Menüleiste oder über 'File' und 'New' und Auswahl von 'Drawing' erfolgen. Dann erfolgt im anschließend erscheinenden Eingabefenster eine Abfrage nach der gewünschten Blattgröße.

Damit wird nun vom System automatisch ein leeres Blatt in der selektierten Größe geöffnet.

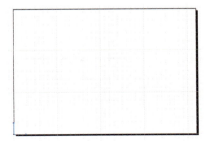

In technischen Zeichnungen ist es jedoch Grundlage der entsprechenden Norm für zweidimensionale Darstellungen ein Blatt mit Rahmen und Schriftfeld zu verwenden. Diese Schriftfelder sind in der DIN 6771 genormt und können auf mehrere Arten geladen werden.

Entweder man öffnet eine neue Datei über 'New from' und selektiert dann den gewünschten File. Sie finden im Downloadbereich beispielhaft die Zeichnung *'A3.CATDrawing'*. Diese Datei enthält bereits einen Rahmen und ein genormtes Schriftfeld. Der Nachteil besteht darin, dass bei einer nachträglichen Änderung der Blattgröße ein Anpassen des Rahmens und des Schriftfeldes an das neue Format mit größerem Aufwand verbunden ist. Aus diesem Fall empfiehlt es sich, einen anderen Weg zu gehen.

Rahmen und Schriftfeld können auch über ein entsprechendes Makro geladen werden. Dies erfolgt über die Menüleiste und 'Tools' sowie 'Macro'.

In der oberen Zeile des Eingabefensters ist das Verzeichnis einzugeben, in der sich das Makro befindet. Das auch im Download-Bereich verfügbare Makro heißt *'DIN-Feld-SK2004.CATScript'*. Nach dem Ausführen dieses Macros über den Button 'Run' erhält man ebenfalls einen Rahmen mit dem genormten Schriftfeld. Der Vorteil besteht darin, dass nach einer Änderung des Blattformates über die Menüleiste durch 'File' und 'Page Setup' auch der Rahmen an das neue Format angepasst werden kann.

Der Arbeitsbereich Drafting stellt sich dem Anwender dann wie in nebenstehender Abbildung ersichtlich dar.

Der Bildschirm ist wiederum in einen Zeichenbereich und in den Strukturbaum unterteilt. In der oberen Menüleiste finden sich die Standardbefehle, in den rechten Symbolleisten und in den direkt über dem Blatt liegenden Workbenches die modulabhängigen Befehle und am unteren Bildschirmrand liegen die Standardmenüleisten und das Eingabefeld sowie die Statuszeile.

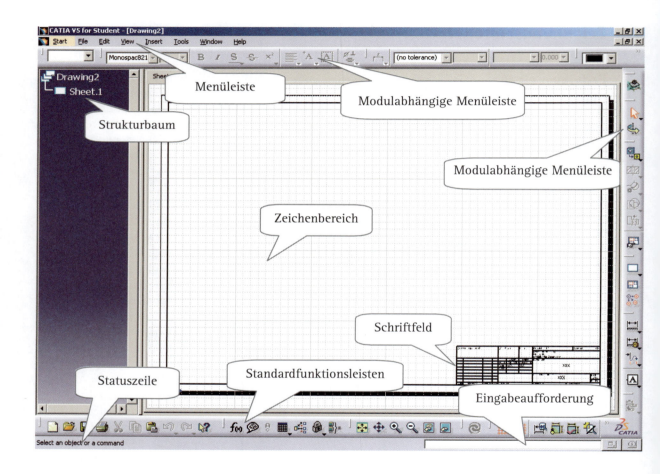

12.2 Standardeinstellungen im Drafting

Ähnlich wie im Arbeitsbereich Part Design gibt es auch im Bereich Drafting eine Reihe wichtiger Standardeinstellungen.

Aufgerufen werden diese Einstellungen über 'Tools' und 'Options'. Sie sind dann im Bereich 'Mechanical Design' unter Drafting zu finden.

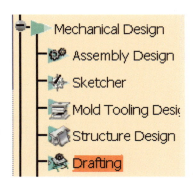

In der Kartei 'General' kann der Abstand des Blattrasters und die Farbe des Blatthintergrunds definiert werden.

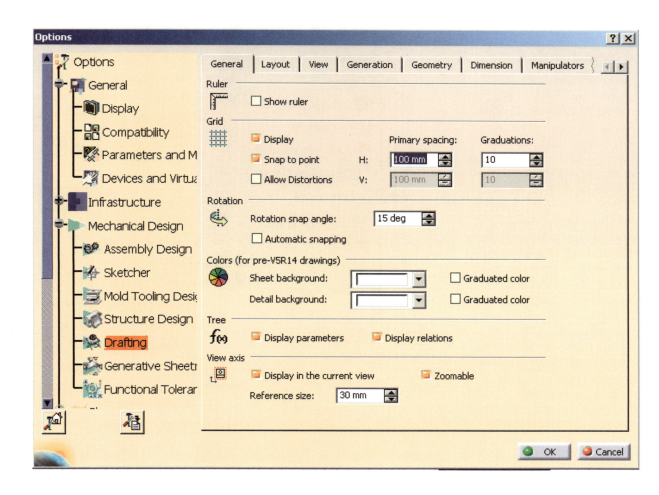

Besonders wichtig sind die Einstellungen, die in der Kartei 'View' getroffen werden.

Hier wird generell für alle erzeugten Ansichten definiert, ob Achsen, Mittellinien, Gewinde und Lichtkanten bei Radien dargestellt werden. Mit dem Button 'Apply 3D-Specifications' werden alle im Part oder Product getroffenen Konventionen übernommen. Diese Einstellung ist vor allem dann notwendig, wenn gewisse Teile (meist Normteile) nicht geschnitten dargestellt werden sollen. Dies gilt auch für die zu verwendende Schraffur, die bereits im Material, das dem Volumenkörper zugewiesen wird, hinterlegt werden kann. Für die Schraffur kann dort die Kartei 'Drawing' nach dem Aufruf des Kontextmenüs editiert werden.

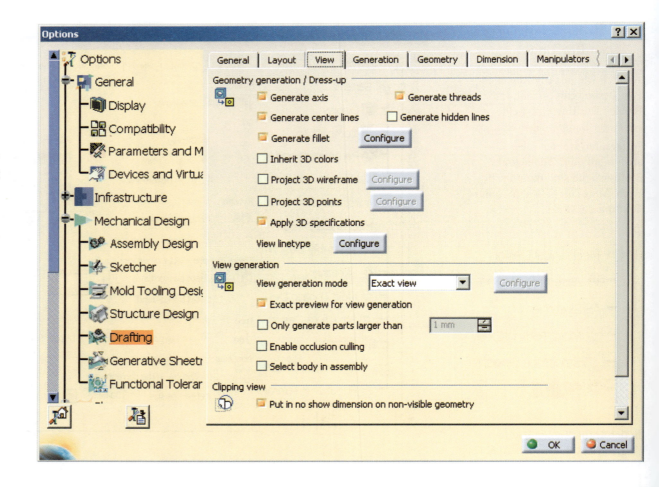

12.2 Standardeinstellungen im Drafting

In dieser Kartei kann aus einer Liste das gewünschte Schraffurmuster ausgewählt werden. Des Weiteren wird hier der Steigungswinkel sowie der Schraffurabstand definiert.

Es kann der Schraffur auch eine Farbe so wie eine definierte Strichstärke zugeordnet werden. Die übrigen Karteien des Materials haben keine Auswirkung auf die Zeichnungserstellung.

In der Kartei 'Dimension' werden Standardeinstellungen zur Bemaßung definiert.

Hier kann vereinbart werden, dass die Bemaßung erst nach einem Klick mit der linken Maustaste gesetzt wird.

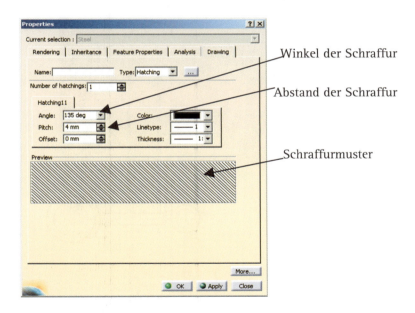

Winkel der Schraffur
Abstand der Schraffur
Schraffurmuster

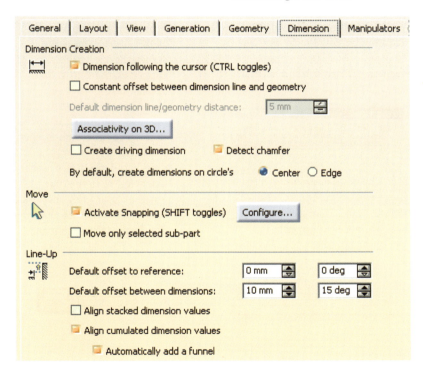

12.3 Ansichten erzeugen

In einem ersten Schritt werden die benötigten Ansichten erzeugt, um einen Bauteil eindeutig darzustellen. Dazu verwendet man die Befehle der Symbolleiste 'Projections', die sich am rechten Bildschirmrand befindet.

Um eine erste Ansicht zu erzeugen, selektiert man das Icon 'FRONT VIEW'. Daraufhin erscheint in der Statuszeile folgende Aufforderung:

Über die Menüleiste und 'Window' kann am einfachsten zum gewünschten CATPart umgeschaltet werden.

Nach der Selektion des Icons 'Front View' wählt man im dreidimensionalen Arbeitsbereich eine Bezugsebene und erhält rechts unten eine Voransicht. Daraufhin kehrt das System automatisch in den Zeichenbereich zurück, und hier kann man über eine Windrose die Ansicht orientieren. Eine Auswahl eines blauen Pfeils bewirkt einen Schwenk um 90° in die dargestellte Richtung.

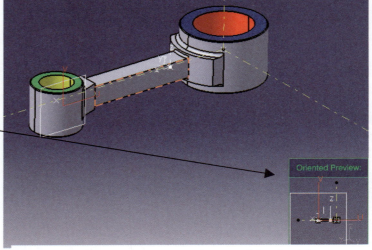

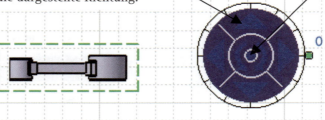

Durch Selektion des blauen Punktes wird die Ansicht erzeugt.

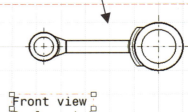

12.3 Ansichten erzeugen

Die erzeugte Vorderansicht (Front View) wird auch im Strukturbaum dargestellt und ist gleichzeitig die gerade aktive Ansicht (unterstrichen).

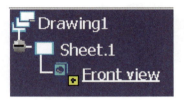

Zusätzlich erhält die aktive Ansicht im Zeichenbereich einen roten Rahmen. Durch einen Doppelklick auf diesen Rahmen oder auf den Eintrag im Strukturbaum wird die aktive Ansicht gewechselt.

Mit dem Icon 'Projection View' können Projektionen dieser Ansicht in den vier Quadranten erzeugt werden.

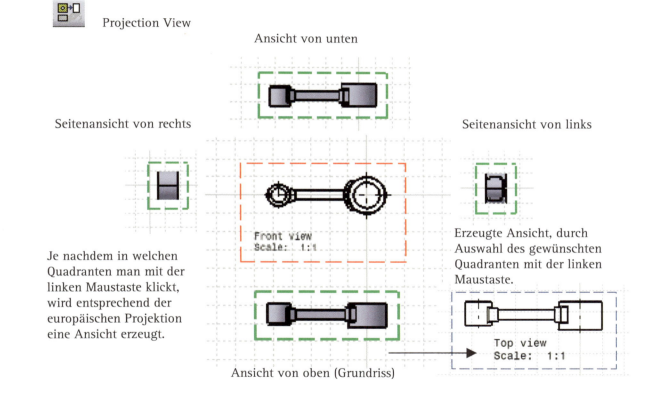

Projection View

Ansicht von unten

Seitenansicht von rechts

Seitenansicht von links

Je nachdem in welchen Quadranten man mit der linken Maustaste klickt, wird entsprechend der europäischen Projektion eine Ansicht erzeugt.

Erzeugte Ansicht, durch Auswahl des gewünschten Quadranten mit der linken Maustaste.

Ansicht von oben (Grundriss)

 PROJECTION VIEW

Mit dem Icon 'ISOMETRIC VIEW' kann eine isometrische Ansicht erzeugt werden.

 ISOMETRIC VIEW

Dabei ist wie bei dem Befehl 'FRONT VIEW' zuerst eine Referenzebene im CATPart zu selektieren. Die Ansicht kann wiederum mit dem Kompass verändert werden. Hat man die gewünschte Darstellung gefunden, klickt man mit der linken Maustaste in den Zeichenbereich und die isometrische Ansicht wird erstellt.

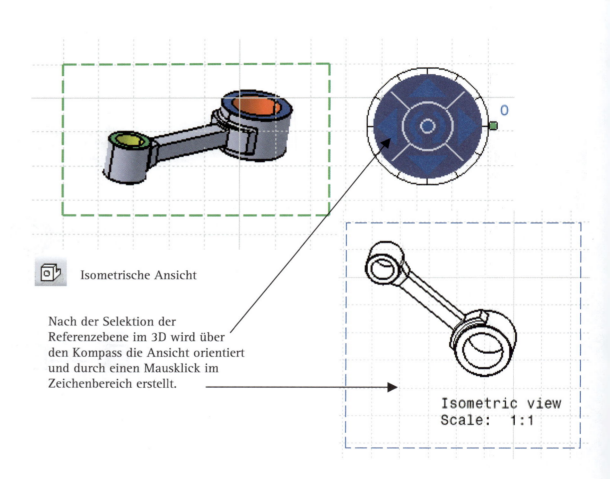

Isometrische Ansicht

Nach der Selektion der Referenzebene im 3D wird über den Kompass die Ansicht orientiert und durch einen Mausklick im Zeichenbereich erstellt.

12.3 Ansichten erzeugen

Mit dem Befehl 'AUXILIARY VIEW' wird eine Hilfsansicht entlang einer Blickrichtung erzeugt.

 AUXILIARY VIEW

Die Ansichtsrichtung wird normal auf eine durch zwei Punkte erzeugte Linie definiert. Diese Linie kann zuvor in der aktiven Ansicht über den Befehl 'LINE' erzeugt und bemaßt werden.

 Line 2D

Die Darstellung der Ansichtsrichtung erfolgt durch zwei auf die selektierte Linie normale Pfeile und entspricht somit nicht der Norm. Es kann aber ein Pfeil gelöscht und der Text ergänzt werden.

Auxiliary View (Ansicht)

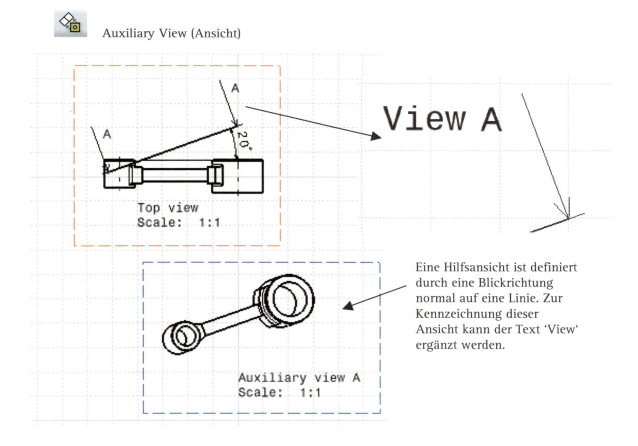

Eine Hilfsansicht ist definiert durch eine Blickrichtung normal auf eine Linie. Zur Kennzeichnung dieser Ansicht kann der Text 'View' ergänzt werden.

Mit dem Icon 'UNFOLDED VIEW' wird eine abgewickelte Ansicht erzeugt.

UNFOLDED VIEW

Dies ist vor allem bei Blechteilen sehr wichtig, um den entsprechenden Zuschnitt zu erhalten. Wurde das Blech im Arbeitsbereich 'Generative Sheet Metal Design' erstellt, der speziell für die Anforderungen von Blechkonstruktionen konzipiert ist, können auch entsprechende Biegeradien, Freistellungen und Verkürzungsfaktoren berücksichtigt werden. In der nebenstehenden Abbildung ist die Vorgangsweise bei der Erstellung einer abgewickelten Ansicht dargestellt.

Mit dem Befehl 'Unfolded View' wird eine abgewickelte Ansicht erzeugt. Dabei ist zuerst eine Referenzebene im CATPart zu selektieren. Danach wird der erforderliche Blechzuschnitt ermittelt.

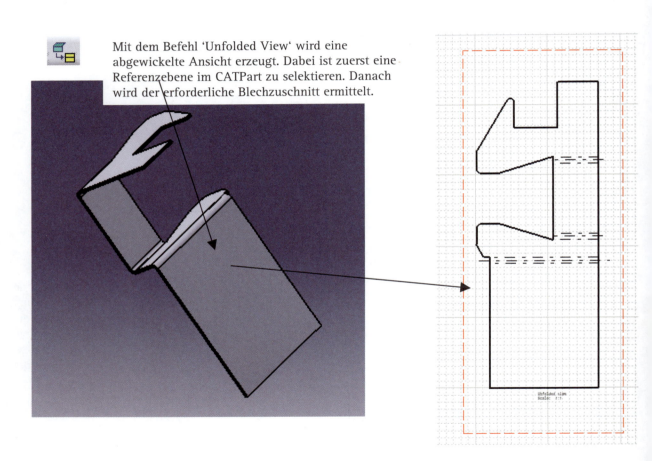

12.4 Schnitte erzeugen

Mit den Icons der Symbolleiste 'Sections' können Schnittdarstellungen erzeugt werden.

Mit dem Icon 'OFFSET SECTION VIEW' kann ein abgesetzter Schnitt erzeugt werden.

   OFFSET SECTION VIEW

Der Schnittverlauf muss dabei stets in der aktiven Ansicht definiert werden. Wird der Schnittverlauf fälschlicherweise in einer Ansicht definiert, die nicht aktiv geschaltet war, ist der zugehörige Schnitt leer.

Die Vorgangsweise bei der Erstellung eines Schnittes ist in nebenstehender Übersicht dargestellt.

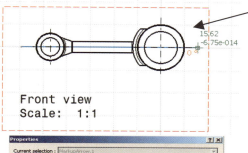

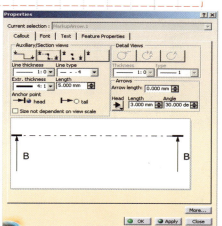

Der Schnittverlauf muss in der aktiven Ansicht definiert werden. Wählt man eine Kreiskontur, wird vom System in diesem Fall die Schnittebene in den Kreismittelpunkt gelegt. Dass Ende des Schnittverlaufs wird mit einem Doppelklick festgelegt.

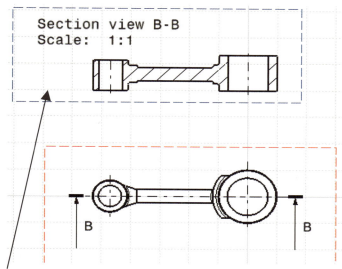

Der Schnitt wird entsprechend der gewählten Blickrichtung in einer Projektion zur dazugehörigen Ansicht ausgerichtet. Durch einen Doppelklick auf die Pfeile, die den Schnittverlauf definieren, kann dieser verändert werden. Auch die Form der Pfeile und die Darstellung des Schnittverlaufs kann über das Kontextmenü und Properties konfiguriert werden.

Mit dem Icon 'ALIGNED SECTION VIEW' wird ein Schnitt erzeugt, bei dem bei einer geknickten Schnittebene die schräge Schnittfläche in die Zeichenebene gedreht dargestellt wird.

 ALIGNED SECTION VIEW

Diese Form der Schnittführung kommt vor allem bei rotationssymmetrischen Bauteilen zur Anwendung. Die Darstellung eines solchen umgeklappten Schnittes ist in nebenstehender Abbildung ersichtlich.

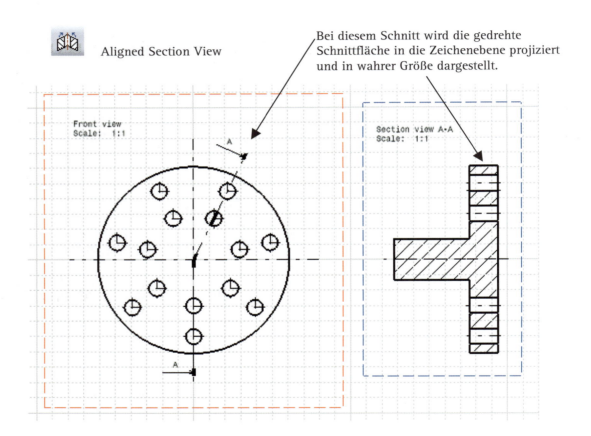

Aligned Section View

Bei diesem Schnitt wird die gedrehte Schnittfläche in die Zeichenebene projiziert und in wahrer Größe dargestellt.

12.4 Schnitte erzeugen

Die Befehle 'OFFSET SECTION CUT' sowie 'ALIGNED SECTION CUT' sind von der Bedienung gleich wie die beiden zuvor beschriebenen Befehle. Der Unterschied besteht lediglich darin, dass bei diesen Befehlen nur die Schnittebene dargestellt wird.

Section Cut

Da hier nur die in der Schnittebene liegende Geometrie dargestellt wird und nicht auch alle Kanten, die in der Blickrichtung hinter der Schnittebene liegen, ist es irrelevant, von welcher Seite der Körper betrachtet wird, da das Ergebnis das gleiche ist. Anschaulich wird das Ganze durch folgendes Beispiel:

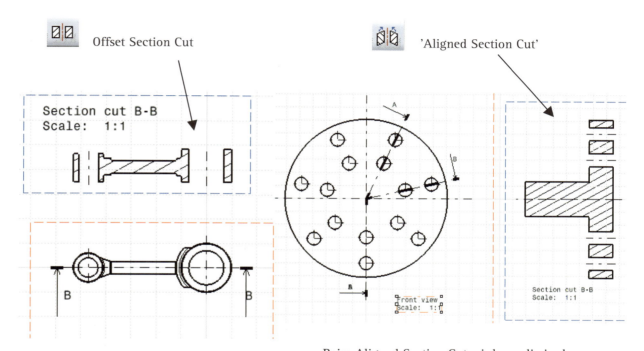

Beim Offset Section Cut wird nur die Geometrie in der Schnittebene dargestellt.

Beim Aligned Section Cut wird nur die in der Schnittebene liegende Geometrie dargestellt. Zusätzlich wird die schräge Schnittfläche in die Zeichenebene gedreht.

12.5 Details erstellen

Mit den Icons der Symbolleiste 'Details' können auf unterschiedliche Art Detailansichten erzeugt werden.

Ein Detail kann auf zwei Arten definiert werden:

- Über einen Kreis durch Selektion des Mittelpunktes und des Radius.

DETAIL VIEW

- Über ein Profil aus mehreren Linien.

DETAIL VIEW PROFILE

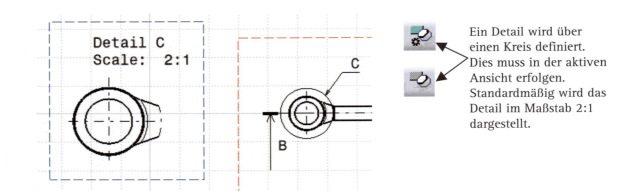

Ein Detail wird über einen Kreis definiert. Dies muss in der aktiven Ansicht erfolgen. Standardmäßig wird das Detail im Maßstab 2:1 dargestellt.

Mit diesen Icons kann ein Detail über ein Profil, wiederum in der aktiven Ansicht, definiert werden.

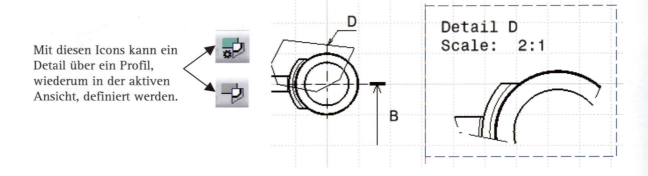

12.6 Teilansichten definieren

Mit der Symbolleiste 'Clippings' können Teilansichten einer zuvor bereits erzeugten Ansicht oder eines Schnittes definiert werden.

Dies ist dann sinnvoll, wenn nur ein bestimmter Teil einer Ansicht oder eines Schnittes benötigt wird. Das Clipping kann ähnlich wie das Detail über einen Kreis oder über ein Profil definiert werden. Nach der Anwendung dieses Befehls wird nur mehr der innerhalb des Profils befindliche Bereich dargestellt.

 Vom Schnitt B-B ist nach der Definition eines Clippings über einen Kreis nur der vordere Teil des Kurbelzapfens dargestellt. Der strichpunktierte Kreis, der das Clipping definiert, kann auch in den nichtangezeigten Bereich verschoben werden.

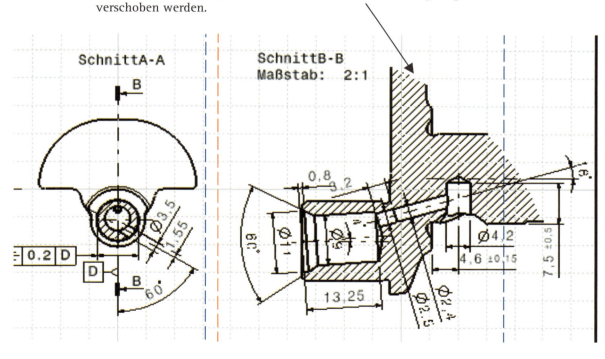

12.7 Ansicht aufbrechen

Mit dem Befehl 'BREAKOUT VIEW' kann eine Ansicht in einem definierten Bereich aufgebrochen dargestellt werden.

 Breakout view

Dabei wird zuerst der Teil der Ansicht, der aufgeschnitten werden soll, über ein Profil definiert. Anschließend erscheint der 3D-Viewer, der die Lage der Schnittebene animiert. Diese Schnittebene wird standardmäßig in die Symmetrieebene des Bauteils gelegt, kann jedoch durch die Auswahl eines geeigneten geometrischen Elements in einer anderen Ansicht verschoben werden.

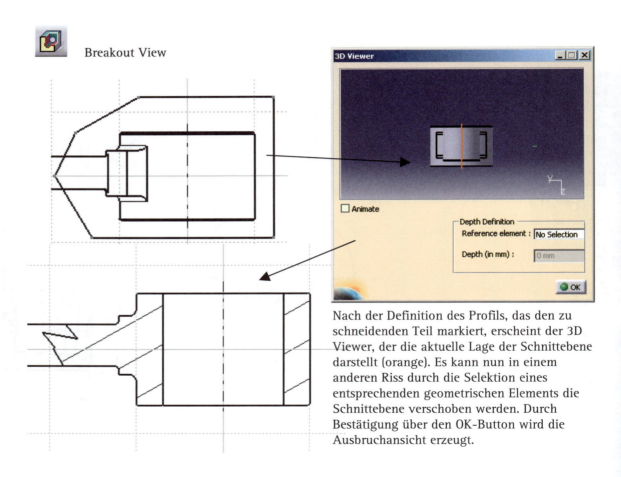

Breakout View

Nach der Definition des Profils, das den zu schneidenden Teil markiert, erscheint der 3D Viewer, der die aktuelle Lage der Schnittebene darstellt (orange). Es kann nun in einem anderen Riss durch die Selektion eines entsprechenden geometrischen Elements die Schnittebene verschoben werden. Durch Bestätigung über den OK-Button wird die Ausbruchansicht erzeugt.

12.8 Ansicht unterbrechen

Mit dem Icon 'BROKEN VIEW' kann eine Ansicht unterbrochen dargestellt werden.

 Broken View

Dies ist dann sinnvoll, wenn es sich um sehr große Bauteile handelt, bei denen über große Strecken keine Geometrieänderung erfolgt. Um nicht ein zu großes Blattformat verwenden zu müssen, wird jener Teil der Geometrie, der keinen Änderungen unterliegt, einfach herausgeschnitten. Dies wird in der Ansicht natürlich entsprechend gekennzeichnet. Die genaue Vorgangsweise bei der Erstellung einer unterbrochenen Ansicht ist in der angeführten Abbildung ersichtlich.

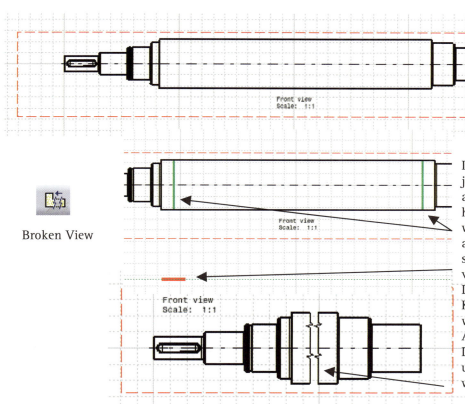

Im ersten Schritt wird jener Teil definiert, der aus der aktiven Ansicht herausgeschnitten werden soll. Hier ist auch zu definieren ob es sich um horizontale oder vertikale Limits handelt. Durch einen beliebigen Klick im Zeichenbereich wird die unterbrochene Ansicht dann erstellt. Der Bereich der unterbrochen wurde, wird speziell markiert.

12.9 Ansichten im Strukturbaum verändern

Jede Ansicht und jeder Schnitt werden im Strukturbaum dargestellt.

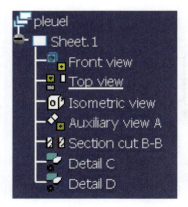

Durch einen Aufruf des Kontextmenüs und über den Befehl 'Properties' kann jede Ansicht modifiziert werden. Dabei stehen in der Kartei 'View' die Einstellungen des Zeichnungsstandards zur Verfügung.

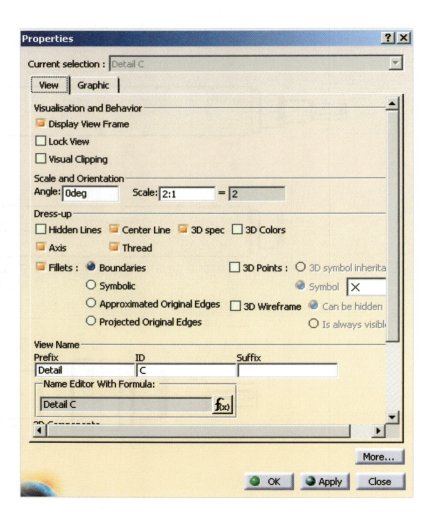

Unter Scale kann der Maßstab einer Ansicht, eines Schnittes oder eines Details verändert werden. Des weiteren ist über die Definition eines Winkels im Feld 'Angle' eine Drehung der Ansicht möglich.

Unter 'Dress-up' sind sämtliche Elemente angeführt, die dargestellt werden können. Vor allem für die Darstellung der Verrundungen gibt es verschiedene Möglichkeiten.

Mit dem Button 'Lock View' kann eine Ansicht gesperrt werden, sie wird dann auch bei einer Änderung des Volumenmodells nicht mehr aktualisiert. Generell werden Änderungen vom 3D nach Aufruf der Aktualisierung in den 2D-Bereich übernommen.

UPDATE CURRENT SHEET

Umgekehrt werden Änderungen, die an einer Zeichnung ange-

12.9 Ansichten im Strukturbaum verändern

bracht werden, nicht ins Volumenmodell übernommen. Wird der Link zwischen Volumenmodell (CATPart) und Zeichnung (CATDrawing) jedoch unterbrochen, ist eine Aktualisierung und auch eine Bemaßung nicht mehr möglich. Bei Bearbeitung einer Zeichnung sollte aus diesem Grund stets das dazugehörige Volumenmodell im Hintergrund geöffnet sein.

Im unteren Teil des dargestellten Eingabefensters kann der Text, welcher den jeweiligen Schnitt oder das jeweilige Detail beschreibt, geändert werden.

Über das Kontextmenü kann auch definiert werden, dass Ansichten nicht ausgerichtet werden (Position Independently of Reference View).

Mit der Auswahl von 'Set Relative Position' wird die Ansicht dann wieder entsprechend der Referenzansicht positioniert.

Generell können Ansichten über ihren Rahmen mit gedrückter linker Maustaste verschoben werden. Handelt es sich dabei um eine Referenzansicht, werden alle dazugehörigen Ansichten mitverschoben.

Mit dem Eintrag 'Align Views Using Elements' können Ansichten an beliebigen Geometrieelementen ausgerichtet werden. Dabei müssen in zwei unterschiedlichen Ansichten die in Deckung zu bringenden Geometrieelemente gewählt werden.

Wurde in einer Ansicht ein Ausbruch definiert, so kann dieser ebenfalls über das Kontextmenü gelöscht bzw. modifiziert werden.

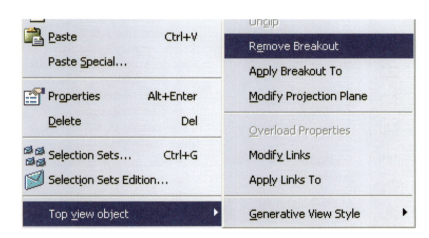

Über den Eintrag 'View object' kann mit 'Remove Breakout' der Ausbruch vollständig gelöscht werden.

Mit 'Apply Breakout To' wird der Ausbruch auf eine andere Ansicht transferiert und kommt dann dort zur Anwendung.

Über die Symbolleiste Wizard können vordefinierte Konfigurationen von Ansichten erstellt werden.

Mit dem ersten Icon kann das Layout selbst zusammengestellt werden.

12.10 Bemaßung

Um eine Zeichnung zu bemaßen steht eine umfangreiche Symbolleiste zur Verfügung.

Dimensions

Chained Dimensions

Cumulated Dimensions

Stacked Dimensions

Length/Distance Dimensions

Angle Dimensions

Radius Dimensions

Diameter Dimensions

Chamfer Dimensions

Thread Dimension

Coordinate Dimensi-

Die entsprechende Position der Bemaßung kann durch einen Klick mit der linken Maustaste gesetzt werden, falls die Option 'Dimension following the cursor' in den Standardeinstellungen aktiviert wurde (siehe 12.2).

Für alle Bemaßungen ist standardmäßig eine Schrifthöhe von 3,5mm eingestellt. Die Darstellung der Maßlinie, der Maßhilfslinie, des Maßeintrags und des Toleranzwerts findet sich nach Aufruf des Kontextmenüs für das selektierte Maß wiederum unter 'Properties'.

Hier kann für jede Maßlinie die Form der Begrenzung, die Linienart sowie die Strichstärke und die zugeordnete Farbe konfiguriert werden. Global wirkende Bemaßungsstandards können über die Menüleiste und 'Tools' sowie 'Standards' festgelegt werden. Dazu muss man jedoch CATIA im Administratormodus starten und ein Verzeichnis hinterlegen, in welches gespeichert werden soll.

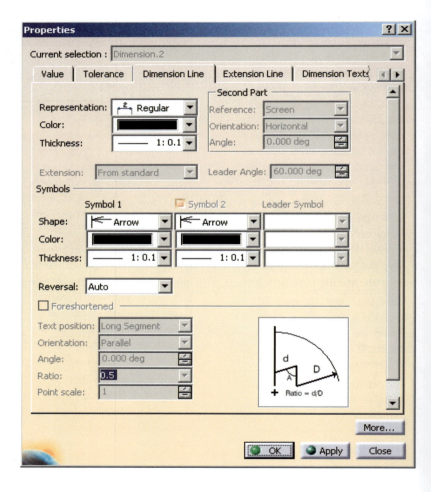

12.10 Bemaßung

Die Eigenschaften für den Maßeintrag selbst finden sich in der Kartei 'Value'. Dort kann die Orientierung des Maßtextes und die Anzahl der angezeigten Dezimalstellen eingestellt werden. Diese Anzeige der Dezimalstellen kann auch über die Symbolleiste 'Dimension Properties' global für alle Maße eingestellt werden.

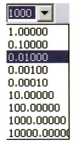

Die gewünschte Darstellung ist in dem angeführten Pulldown-Menü zu selektieren und gilt anschließend für alle erzeugten Bemaßungen.

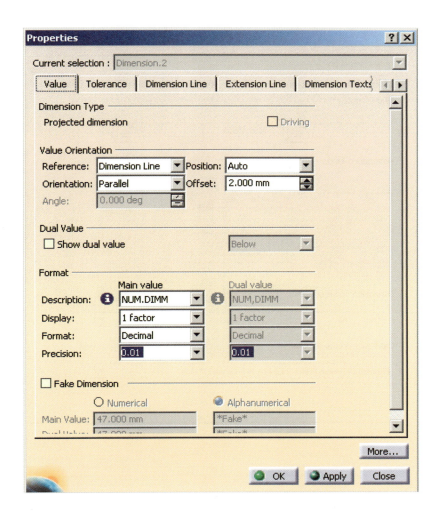

Über eine Selektion des Buttons 'Fake Dimension' ist im numerischen Bereich unter 'Main Value' die Eingabe eines von der Volumenkonstruktion abweichenden Maßwertes möglich. Dieser Maßeintrag kann auch gesondert, durch voran- bzw. nachgestellte Sterne gekennzeichnet werden. Solcherart als Fake Dimensions gekennzeichnete Maße werden auch nach einer Änderung der Volumengeometrie nicht aktualisiert.

In der Kartei 'Tolerance' kann die gewünschte Toleranz eingegeben werden.

Dabei können sowohl Abmaße als auch ISO-Toleranzkurzzeichen angegeben werden.

Abmaße können auch über die Symbolleiste 'Dimension Properties' in der folgenden Form eingegeben werden.

Will man das Maß mit ISO-Kurzzeichen versehen, ist folgende Einstellung zu treffen.

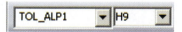

Will man eine Passung mit zwei ISO-Kurzzeichen versehen, ist unter 'TOL_ALP3' die Angabe von zwei Kurzzeichen, getrennt durch einen Schrägstrich, möglich.

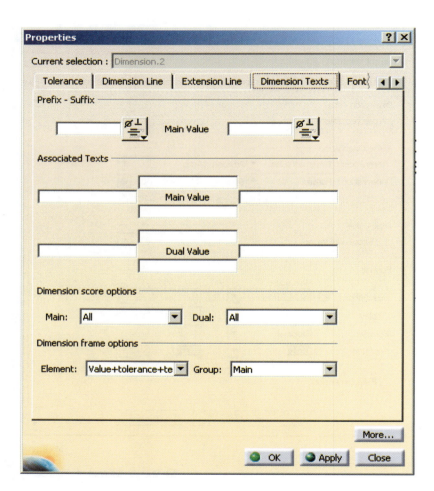

Soll ein Maß mit zusätzlichen Einträgen versehen werden, so ist dies in der Kartei 'Dimension Texts' durchführbar. Hier können dem Maßtext Symbole wie das Durchmesserzeichen usw. vorangestellt werden. Des weiteren kann ein Text vor, über, unter oder nach dem Hauptwert eingegeben werden.

In der Kartei 'Extension Line' wird definiert, wie die Maßhilfslinie auszusehen hat.

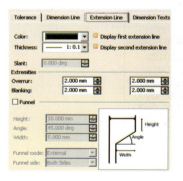

Hier kann unter Blanking der Abstand der Maßhilfslinie von der Körperkante angegeben werden.

12.10 Bemaßung

In der nebenstehenden Übersicht finden sich Beispiele für die unterschiedlichen Bemaßungsmöglichkeiten wie Längenbemaßung, Abstandsbemaßung, Durchmesserbemaßung, Fasenbemaßung, Winkelbemaßung und Stufenbemaßungen.

Mit Hilfe des Icons 'GENERATE DIMENSIONS STEP BY STEP' können Bemaßungen auch automatisch erzeugt werden.

GENERATE STEP BY STEP

Man kann schrittweise in einer Voransicht entscheiden, ob das jeweilige Maß erzeugt werden soll.

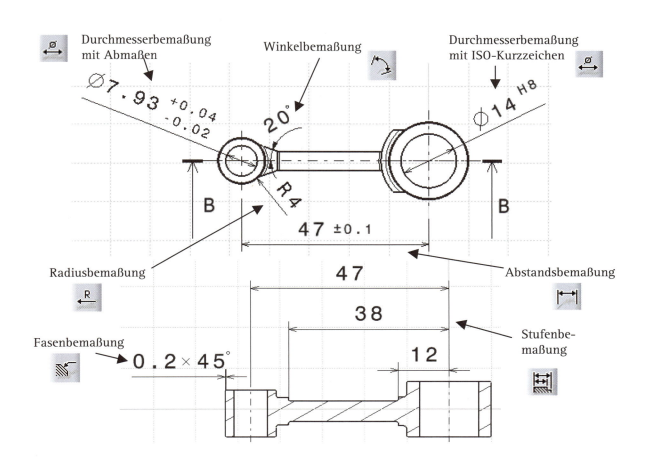

12.11 Oberflächenangaben

In technischen Zeichnungen ist es auch notwendig, die geforderte Oberflächengüte anzugeben. Dies kann mit dem Befehl 'ROUGHNESS SYMBOL' erfolgen.

   ROUGHNESS SYMBOL

Zuerst ist im Zeichenbereich in der gewünschten Ansicht die Fläche zu wählen, auf der das Symbol positioniert werden soll.

Dann ist zu entscheiden, ob der arithmetische Mittenrauhwert R_a oder die gemittelte Rauhtiefe R_z eingetragen wird.

Abschließend wird noch die gewünschte Größe des angegebenen Wertes in µm eingetragen.

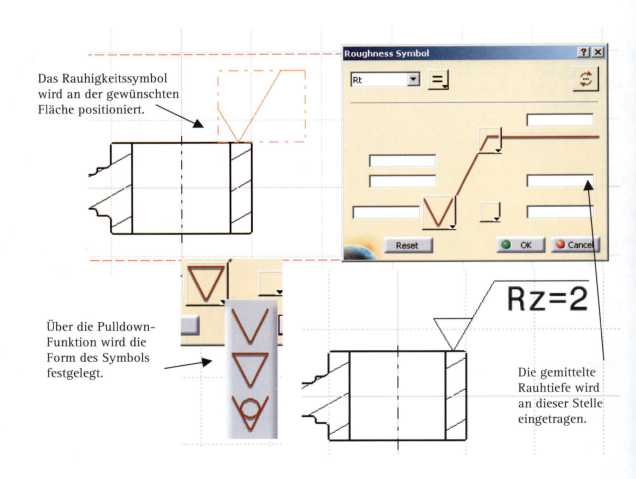

Das Rauhigkeitssymbol wird an der gewünschten Fläche positioniert.

Über die Pulldown-Funktion wird die Form des Symbols festgelegt.

Die gemittelte Rauhtiefe wird an dieser Stelle eingetragen.

12.12 Form- und Lagetoleranzen

Um Form- und Lagetoleranzen angeben zu können, steht die Workbench 'Tolerances' zur Verfügung.

· Tolerances

Die gewünschte Form- und Lagetoleranz wird mit dem Symbol 'GEOMETRICAL TOLERANCE' eingetragen. Dabei ist wiederum zuerst die Linie, Achse oder Fläche, für welche die Toleranz gelten soll, zu selektieren. Daraufhin ist aus der Liste der möglichen Symbole das entsprechende zu wählen, der tolerierte Wert in mm einzutragen und eventuell ein Bezugselement anzugeben. Abschließend kann das Symbol samt Bezugspfeil noch entsprechend positioniert werden.

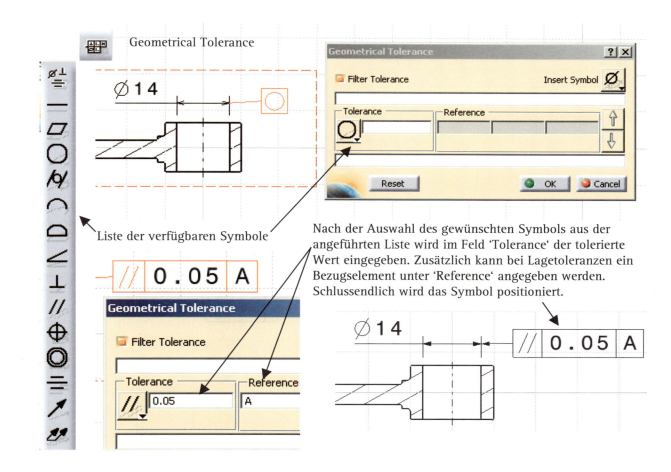

Liste der verfügbaren Symbole

Nach der Auswahl des gewünschten Symbols aus der angeführten Liste wird im Feld 'Tolerance' der tolerierte Wert eingegeben. Zusätzlich kann bei Lagetoleranzen ein Bezugselement unter 'Reference' angegeben werden. Schlussendlich wird das Symbol positioniert.

Das Bezugselement wird mit dem Befehl 'DATUM FEATURE' in der Zeichnung gekennzeichnet.

 DATUM FEATURE

Auch bei diesem Befehl ist zuerst das Bezugselement zu selektieren.

Anschließend kann im folgenden Eingabefenster die Bezeichnung für das Bezugselement geändert werden. Zum Schluss wird die Kennzeichnung des Bezugselementes noch richtig positioniert.

In der nebenstehenden Abbildung ist diese Vorgangsweise noch einmal erläutert und ein Beispiel für eine korrekt positionierte Lagetoleranz zu sehen.

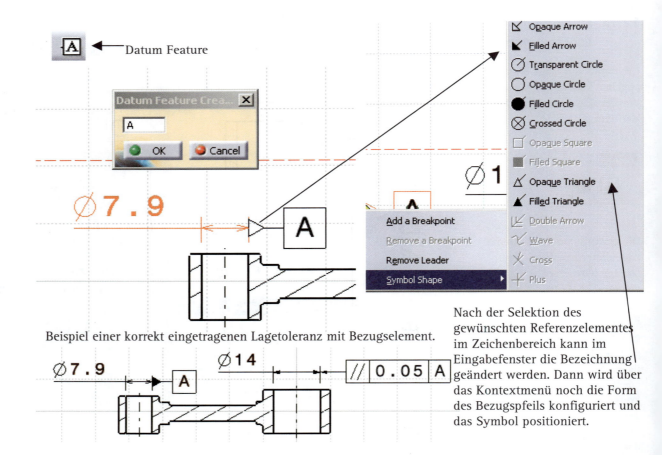

Beispiel einer korrekt eingetragenen Lagetoleranz mit Bezugselement.

Nach der Selektion des gewünschten Referenzelementes im Zeichenbereich kann im Eingabefenster die Bezeichnung geändert werden. Dann wird über das Kontextmenü noch die Form des Bezugspfeils konfiguriert und das Symbol positioniert.

12.13 Texte

Eine technische Zeichnung kann mit den Symbolen der Workbench 'Text' mit Anmerkungen versehen werden.

Texte können entweder zur jeweils aktiven Ansicht oder im Hintergrund positioniert werden. In den Hintergrund, wo sich auch Rahmen und Schriftfeld befinden, wechselt man über die Menüleiste und 'Edit' sowie 'Background'. Der Zeichnungshintergrund ist hier bläulich hinterlegt.

Über das Icon 'TEXT' können nun die gewünschten Anmerkungen eingegeben werden.

 TEXT

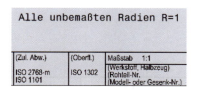

Mit dem Icon 'TEXT WITH LEADER' können Texte mit einem Bezugspfeil versehen werden. Diese Anmerkungen referenzieren sich zumeist auf ein geometrisches Element und sollten deshalb einer bestimmten Ansicht zugeordnet werden.

 TEXT WITH LEADER

In untenstehender Abbildung ist ein solcher Text ersichtlich.

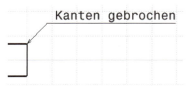

Mit dem Icon 'BALLOON' können einzelne Bauteile mit einer Positionsnummer versehen werden.

 BALLOON

Diese Positionsnummern sind vor allem bei Zusammenstellungszeichnungen von großer Bedeutung, da hier jedes Bauteil eine eigene Nummer für die Stückliste erhält.

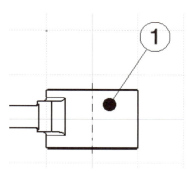

Die Nummer kann im Eingabefeld beliebig vergeben werden. Das System vergibt jedoch automatisch fortlaufende Nummern. Ebenso kann das Bezugssymbol wiederum über das Kontextmenü und 'Symbol shape' abgeändert werden.

Die Einstellungen für Schrifthöhe sowie Schriftart werden generell in der Symbolleiste 'Text Properties' getätigt.

Die Schriftstärke ist standardmäßig mit 10 % der Schrifthöhe festgelegt. Texte können mit Hilfe dieser Funktionsleiste auch unterstrichen werden.

Im beiliegenden Schriftfeld sind bereits Platzhalter für die Texte mit Schriftart sowie Schrifthöhe hinterlegt. Diese Platzhalter können über einen Doppelklick editiert und der Text damit verändert werden.

12.14 Hintergrund

Im Blatthintergrund sollten sich, wie schon erwähnt, der Rahmen und das Schriftfeld befinden.

Umgeschaltet wird über 'Edit' und 'Background' bzw. mit 'Working Views'.

Zur besseren Kennzeichnung ist der Zeichenbereich im Hintergrund blau dargestellt.

Das Schriftfeld sowie der Rahmen sollten im Hintergrund eingefügt werden. Diesem Buch liegt bereits ein genormtes Schriftfeld als Makro bei, das nur mehr auszufüllen ist. Hierzu sind in den wichtigsten Feldern bereits Platzhalter für die Texte vorhanden.

In der Abbildung ist ein entsprechend ausgefülltes Schriftfeld zu sehen.

Genormtes Schriftfeld nach DIN 6771-1. Makro-Name:*DIN-Feld-SK2004.CATScript*

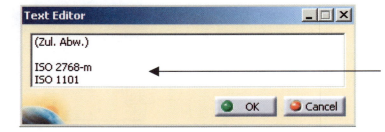

Die entsprechenden Platzhalter für die Texte im Schriftfeld können durch einen Doppelklick bearbeitet werden. Dabei kann auch die Schriftart sowie die Schrifthöhe verändert werden.

12.14 Hintergrund

Im Hintergrund können auch eine Stückliste sowie eine eventuell benötigte Passmasstabelle hinterlegt werden. Solche Tabellen werden mit dem Icon 'TABLE' erzeugt.

 TABLE

Nun muss noch die Anzahl der gewünschten Zeilen und Spalten angegeben werden.

Mit dem Icon 'TABLE FROM CSV' kann auch eine Tabelle aus einer Textdatei erstellt werden.

 TABLE FROM CSV

Damit können auch im Excel erstellte Tabellen eingelesen werden. Diese müssen allerdings zuvor als CSV-Datei abgespeichert werden.

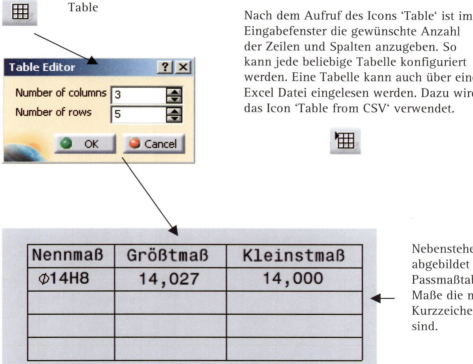

Table

Nach dem Aufruf des Icons 'Table' ist im Eingabefenster die gewünschte Anzahl der Zeilen und Spalten anzugeben. So kann jede beliebige Tabelle konfiguriert werden. Eine Tabelle kann auch über eine Excel Datei eingelesen werden. Dazu wird das Icon 'Table from CSV' verwendet.

Nebenstehend abgebildet ist eine Passmaßtabelle für alle Maße die mit ISO-Kurzzeichen versehen sind.

12.15 Weitere wichtige Icons im Drafting

In diesem Kapitel werden noch einige weitere wichtige Icons der Arbeitsumgebung Drafting beschrieben. Dazu gehört die Symbolleiste 'Dress up'.

Mit den darin enthaltenen Befehlen 'Axis and Threads' können Achsen sowie Mittellinien für die unterschiedlichsten Anwendungsfälle erzeugt werden.

In der angeführten Übersicht finden sich die Erzeugungsmöglichkeiten von:

- Mittellinien
- Mittellinien mit Referenz
- Gewinde
- Achslinien

Center Line

Center Line with Reference

Thread

Thread with Reference

Axis Line

Axis line and Center line

Mit den Befehlen der Funktionsleiste 'Geometry Creation' können im Zeichenbereich zusätzliche Geometrieelemente erstellt werden.

Point

Line

Circle

Profile

Spline

Damit können Punkte, Linien, Kreise, Profile und Splines erzeugt werden. Oftmals ist es auch notwendig, einen Hilfspunkt oder eine Hilfslinie zu erzeugen, um das gewünschte Maß erstellen zu können.

ACHTUNG Diese nachträglich erstellte Geometrie weist keine Assoziativität zum Volumenmodell auf. Daher wird bei einer Aktualisierung der Ansichten diese Geometrie wieder gelöscht. Um dies zu vermeiden, empfiehlt es sich, solche Geometrien erst ganz am Ende zu konstruieren oder die entsprechende Ansicht zu sperren. Gesperrte Ansichten werden allerdings auch bei einer Änderung der Volumenkonstruktion nicht mehr aktualisiert.

Mit dem Icon 'ARROW' können Pfeile erzeugt werden.

 ARROW

Diese Pfeile dienen meist als Bezugspfeile.

Mit der Workbench 'Geometry Modification' können vorhandene Geometrien abgeändert und mit Bedingungen versehen werden.

Dabei steht dieselbe Funktionalität wie im Skizzierer zur Verfügung.

Die Pull-Down-Menüs erhalten folgende Funktionalitäten:

Mirror

Symmetry

Translate

Rotate

Scale

Offset

12.15 Weitere wichtige Icons im Drafting

- Corner
- Chamfer
- Trim
- Break
- Quick Trim
- Close
- Complement

- Geometrical Constraint
- Constraint Defined in Dialog Box
- Contact Constraint

All diese angeführten Geometrieänderungen sind nicht in den dreidimensionalen Volumenkörper übertragbar und werden somit nach einer Aktualisierung gelöscht.

Mit dem Icon 'WELDING SYMBOL' können in einer Schweisszusammenstellungszeichnung Schweißsymbole verwendet werden.

 WELDING SYMBOL

Dabei ist zuerst wiederum die Stelle, an der die Schweißnaht angebracht werden soll, zu selektieren.

Dabei kann über die im Eingabefenster verfügbaren Pull-Down-Menüs das gewünschte Schweißsymbol schließlich ausgewählt werden.

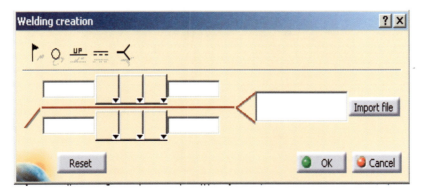

Mit dem Befehl 'WELD' wird direkt in der gewählten Ansicht eine Kehlnaht dargestellt.

 WELD

Dazu müssen im Zeichenbereich in der entsprechenden Ansicht die beiden zu verschweißenden Kanten gewählt werden. Darauf wird im Eingabefenster die Nahtstärke eingegeben.

Nun erscheint das Kehlnahtsymbol auch in der aktivierten Ansicht.

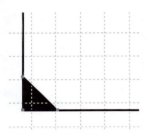

Einem erfolgreichen Arbeiten in der Volumenkonstruktion, das zu mathematisch stabilen und änderungsfreundlichen Modellen führt, sowie dem Erstellen von technischen Zeichnungen steht damit nichts mehr im Wege.

Die Nahtstärke kann in dieser Darstellung auch noch zusätzlich vermaßt werden.

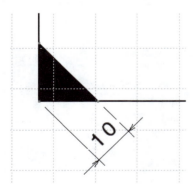

Damit sind nun die wichtigsten Befehle der Arbeitsumgebung Drafting erläutert.

Literaturverzeichnis

CATIA V5 Solutions, Version 5 Release 14, English online Documentation, Dassault Systemes, Paris 2004

Ziethen Dieter R., CATIA V5- Konstruktionsmethodik zur Modellierung von Volumenkörpern, Hanser Verlag 2004, ISBN 3-446-2556-0

Rembold Rudolf W., Einstieg in CATIA V5, Hanser Verlag 2005, ISBN 3-446-40025-7

Koehldorfer Werner, Finite-Elemente-Methoden mit CATIA V5, Hanser Verlag 2005, ISBN 3-446-40214-4

Braß Egbert, Konstruieren mit CATIA V5, Hanser Verlag 2005, ISBN 3-446-2801-2

Index

A
Abgewickelte Ansicht 188
Abhängigkeitskette 98
Abmaße 200
Abstände 169
Absolute Axis 52
Abzugskörper 117
Achse 115, 182
Add 148
Administrator Modus 37, 198
Aktive Ansicht 185
Aligned Section View 190
Allow Symmetry Line 93
Analysis 173
Änderungsfreundlich 131
Angle 76
Angle Dimensions 198
Animate Constraint 79
Ansicht aufbrechen 194
Ansicht unterbrechen 195
Ansichten erzeugen 184
Apply 3D Specifications 182
Apply Material 172
Arbeitsumgebung 28
Assemble 97, 148
Assoziativität 9
Aufmaß 144
Auto Constraint 79
Auxiliary View 187
Axis 64, 115
Axis System 24

B
Back View 15
Bauteilfunktion 45
Bearbeitung 101
Benutzeroberfläche 11
Bezugselemente 53
Bisecting Line 63
Bi Tangent Line 63
Blattgröße 179
Blend Corner 136
Block 109
Body 27, 35
Bohrung 118
Boolean Operations 148
Bottom View 15
Break 68
Breakout View 194
Broken View 195

C
CATIA V5 9
CATDrawing 197
CATPart 197
Cax-System 9
Center Curve 121
Chained Dimensions 198
Chamfer 65, 138
Chamfer Dimensions 198
Change Sketch Support 84
Chordal Fillet 137
Circle 59
Circular Pattern 159
Children 36
Clipping 193
Close 70
Closing Point 130
Close Surface 165
CNEXT 11
Coincidence 76
Command List 34
Compass 38
Complement 70
Complete Crown 159
Concentricity 76
Conic 62
Connect 61
Constraints 55, 76
Constraints in Dialog 78
Construction Element 53
Contact Constraint 79
Coordinate Dimensions 198
Copy 18
Corner 65
Counterbored 120
Counterdrilled 120
Countersunk 120
Create Geometry 170
Cumulated Dimensions 198
Curvature Analysis 176
Customize 36
Customize View 16
Cut Part by Sketch Plane 86

D
Darstellungen 15
Datum Feature 204
Define in Work Object 100
Dehnen 66
Delete 32
Design Table 22, 106
Desk 31
Detail 192
Detail View 192
Detail View Profile 192
Detaillierung 99
Diameter 76
Diameter Dimensions 198
Dichte 170
Dimension 183
Dimension Properties 199
Display 25
Distance 76
Distance Dimensions 198
Draft Angle 131, 139
Drafting 180
Draft Reflect Line 141
Drehmittelpunkt 15
Dress up 180
3D-Elemente übernehmen 80

Index

E
Ebene 40
Edge Fillet 131
Edges to keep 135
Edit 32
Ellipse 62
Entformbarkeit 175
Entformungsrichtung 175
Equidistant Point 64, 76
Equivalent Dimensions 22
Ergänzen 66
Evolventenverzahnung 121
Excel-Tabellen 21, 106
Exit Workbench 86
Explizite Geometrie 99
Extension Line 200

F
Face Face Fillet 133
Faces to keep 150
Faces to remove 150
Fake Dimension 199
Farbzuordnung 81
Fasen 99, 138
Favoriten 27
FEM-Analyse 20
FEM-Berechnungen 167
File 12, 29
Fit all in 15
Fix 76
Fix Together 79
Fläche 169

Flächenbasierende Komponenten 163
Flächenverband 165
Flächenträgheitsmomente 171
Fly Mode 18
Formelbeziehung 90
From Top 126
Front View 15, 184
Führungselemente 153
Führungskurven 128
Funktionsleiste
  Analysis 172
  Knowledge 21
  Measure 169
  Standard 18
  Tools 20
Funktionstaste
  F3 34
  F1 38
Formula 21
Form- und Lagetoleranzen 203
Free Style Design 137

G
Generate Step by Step 201
Geometrical Constraint 57
Geometry 34
Geometrical Set 35
Geometrical Tolerance 203
Gesammelte Bearbeitung 101
Gewinde 175, 182
Grid 55
Groove 117

Grundriss 185
Guides 128

H
Hauptträgheitsachsen 173
Help 38
Hide 17
Hilfefunktion 38
Hilfsansicht 187
Hole 118
Horizontal 176
Hüllgeometrie 98
Hybride Arbeitsweise 47
Hyperbel 62

I
Image 36
Infrastructure 26
Instance 158
Intersect 149
Intersect Body 166
Intersection Point 64
Insert 35
Insert in a new body 35
Isolate 82
Iso constrained 83
Isometric View 15, 186
ISO-Toleranzzeichen 200

K
Keep Measure 173
Keep Specifications 158
Kerndurchmesser 120

Knowledge Inspector 22
Knowledgeware 21
Kombinierter Volumenkörper 124
Kommentarzeile 13
Kompass 23
Komplexe Bauteile 47
Konisch 120
Konstruktionsmethodik 9, 41
Kontextmenü 15
Koordinatensystem 14
Kopiervorlage 47
Kopplungspunkt 128
Kreisbogen 59
Kreismuster 159
Krümmung 175
Krümmungsanalyse 176
Krümmungsstetig 61

L
Längen 169
Lateral Face 145
Law 14
Left View 15
Leitkurve 121, 128
Length 76, 158
Length Dimensions 198
Lichtkanten 182
Limit 110
Limiting Elements 135
Limit Face 145
Line 40, 63
Links 25, 197
Lock View 196
Loft 127

Index

M
Makro 163
Maßeintrag 198
Maßhilfslinie 198
Maßlinie 198
Maßstab 196
Maustaste
  linke 14
  mittlere 14
  rechte 15
Masse 169
Measure Between 170
Measure Inertia 172
Measure Inertia 2D 174
Measure Item 171
Measure the Thickness 171
Mechanische Eigenschaft 173
Menüleiste 12, 27
Metalle 172
Midpoint 76
Mirror 71, 156
Mittellinien 182
Multi Section Solid 127
Mustern mit Operationen 162

N
Named Views 15
Navigation 14
Neutral Fiber 116
New 18
Normal View 15, 85
Nut 117

O
Object to mirror 156
Objektorientierte Strukturierung 45
Offset 75
Offset Section View 189
Online Documentation 38
Options 24, 37
Open 18
Open Catalog 20
Operations 65, 131
Orthogonalität 76

P
Pad 109
Page Setup 180
Parabel 62
Parallelism 76
Parallelität 76
Parameter 9
Parameter definieren 88
Parametrik 9
Parents 36
Part 12
Part Design 9
Part Infrastructure 26
Parting Element 141
Performances 25
Perpendicular 76
Paste 18
Paste Special 18
Plane 40
Pocket 114
Point 39, 64

Position Independently 197
Positioning Sketch 118
Power Copy 48
Predefined Profiles 58
Print 30
Prinzip der Zerlegung 89
Produktumgebung 11
Profile 55
Profil Control 122
Profilsteuerung 122
Projection Point 64
Projection View 185
Prozessorientiertes Modell 101
Publication 38
Pulling direction 122
Punkt 39
Punktstetig 61

Q
Quantifizierung 169
Quick Trim 69

R
Radius 76, 169
Radius Dimension 196
Rahmen 185
Ratio 129
Rectangular Pattern 157
Rechteckmuster 157
Reference Element 158
Reference Surface 122
Referenzelemente 39
Referenzfläche 122

Referenzpunkt 46
Reflexionen 137
Redo 18
Relimitations 66
Remove 148
Remove Face 146
Remove Lump 148
Removed multi section Solid 129
Replace Face 147
Reverse Direction 126
Rib 121
Right View 15
Rille 123
Rippe 121
Rotate 15, 73
Rotation 154
Rotationsachse 154
Rotationskörper 115
Roughness Symbol 202

S
Save 18
Save Management 30
Scale 74, 196
Scaling 161
Scan 33
Schraffur 182
Schließen 66
Schnittdarstellungen 189
Schnittebene 191
Schriftfeld 179
Schwerpunkt 169
Section Cut 191

Index

Sections 189
Seitenansicht
  von links 185
  von rechts 185
Select 79
Selection by neutral Face 139
Selection Set 33
Search 32
Setback Distance 137
Set relative Position 197
Sew Surface 166
Shaft 115
Shading with edges 16
Shell 131, 143
Show 17
Simplify Geometry 168
Skalierbarkeit 9
Skalierungsfaktor 161
Sketch Analysis 82
Sketcher 51
Sketch Tools 57
Skizzen
  gleitende 52
  isolierte 52
  positionierte 52
Skizzenanalyse 82
Skizzierer 51
Slot 123
Snap to point 55
Solid Combine 124
Spacing 158
Spannunugen 174
Specifications 34

Spiegelung 155
Spine 128
Spline 60
Split 163
Stacked Dimensions 198
Standardeinstellungen 24, 181
Standard Element 53
Standardreferenzen 87
Startmodell 88
Statuszeile 13
Steigungswinkel 183
Steuergeometrie 88
Stiffener 125
Strukturbaum 14
Stutzen 66
Subtract 149
Swap visible space 17
Symmetrie 71
Symmetry 72, 155
Symbolleisten
  modulunabhängige 13
Synchronisierung 107

T

Table 207
Tangency 76, 129
Tangentenstetig 61
Tasche 114
Teilungsebene 136
Texte 205
Thickness 131, 144
Thick Profile 116
Thick Surface 164
Thread 145

Thread Analysis 145, 176
Thread Definition 120
Thread Dimensions 198
Three Point Arc 59
Three Point Circle 59
Tolerance 199
Tools 36
Top View 15
Trägheitsanalyse 172
Trägheitsmomente 169
Transformation 71
Translate 73
Translation 153
Trim 66
Trim All Elements 67
Trim First Element 66
Tri Tangent Circle 59
Tritangent Fillet 134
Tree Expansion 34

U

Underconstrained 83
Undo 18
Unfolded View 188
Union Trim 150
Unterbrechen 66
Unterstruktur 46
Update all 19
Update current Sheet 196
Up to Last 112
Up to Next 112
Up to Plane 111
Up to Surface 111

User defined Feature 50
User Pattern 160

V

Value 199
Variable Angle Draft 142
Variable Radius Fillet 132
Varianten 105
Verrundungen 99, 131
Verschiebung 153
Versteifung 125
Vertical 76
Vertices 129
Visualization Filters 37
Vollkreis 59
Volumen 169
Volumenmodell 10
Vorderansicht 185
V5R19 10
View 13, 196
View Object 197

W

Welcome Fenster 27
Welding Symbol 209
Welle 115
Werkstättenzeichnung 104
Wizard 197

Z

Zeichenbereich 14, 180
Zeichnungen 10
Zeichnungserstellung 179
Zoom 15